新装版

ずっと彼氏がいないあなたへ

岩月謙司
Kenji Iwatsuki

WAVE出版

ずっと彼氏がいないあなたへ

新装版・はじめに

「彼氏いない歴」という言葉が使われ始めたのは、いつのころからでしょうか。

世間一般では、この「彼氏いない歴」が長ければ長いほど、カッコ悪くてはずかしいことだと決めてかかる風潮が強いようですが、それはおそらく、「彼氏いない歴が長い＝オトコにモテない＝オンナとして魅力がない」と多くの人が考えているからでしょう。

しかし、これは大きな大きな間違いです。「彼氏いない歴」が長いからといって、必ずしも魅力のない女性だとはいえません。

逆に「彼氏いない歴が短い＝オトコに軽く扱われているオンナ」であることのほうが多いものです。くるくると彼氏をとっかえひっかえし、出会いと別れを繰り返してばかりいるような女性は、典型的な恋愛オンチ、ホンモノの愛をつかまえられないカンのにぶい女性です。恋人に不自由しない、経験が豊富だといえば、いかにもモテる女性のように思えますが、女性としていいことは少しもありません。むしろ、愛のないつきあいを繰り返したぶん、誇りを失い、心が汚染されて女性としての価値が下がります。そんな女性に、「いい男」が近寄ってくることはありません。結婚しても、結婚生活に支障が出ます。

彼氏がいないということを恥じる必要はまったくありません。「二十歳を過ぎてもつきあったことがない」「二十五歳にもなって処女なんてカッコ悪い」などと気にすることもありません。むしろ、彼氏いない歴にこだわらず、毎日楽しく暮らしているという女性のほうが、いい男をゲットする可能性が高いのです。

しかし、「恋人がほしい。誰かと真面目につきあいたいと思っているのに、なぜか彼氏ができない」と悩んでいる場合は別です。この場合は、自分自身のどこかに、男性を寄せつけない要素がある、つまり、自分で彼氏ができない原因をつくり出していると考えられます。この原因を探して問題を取り除かない限り、彼氏をつくることはむずかしいでしょう。


さて、彼氏ができないという状態は、大別すると次の二つにわけられます。
（一）これまでにまったくつきあったことがない
（二）つきあい始めはするけれど長続きせず、すぐに別れてしまう
（一）の場合、「出会いがない」「好きだと思える相手が現れない」「告白する勇気がない

（フラれたら怖い）」などが、彼氏のできない理由としてよくあげられる常套句ですが、果たしてこれらは、彼氏のできない本当の原因なのでしょうか？

答えはＮＯです。これらは原因ではなく、言い訳です。「恋人がほしいけれど、出会いがないから」「出会いはあるけれど、好きだと思える相手がいないから」「好きだと思える相手が現れても、告白してフラれるのは怖いから」。このように、言い訳をしているのです。

ではなぜ、このような言い訳が出てくるのでしょうか？

その答えのなかにこそ、彼氏のできない真の原因がひそんでいます。自分でもまったく思いもよらなかった、自分の真実が隠されているのです。

一方、（二）の場合は、長続きする安定した人間関係がつくれないことが根本的な原因ですが、関係がつくれないことの原因のなかに、重大な問題点が隠されているのです。

こうした自分の知らない問題点を正しく知ることが、彼氏ができる自分になるための第一歩です。不自然な行動や間違っていた部分を知ってはじめて、いい恋愛がスタートできるのです。

本書では、実例を通して彼氏ができない真の原因を探り、問題を解決する方法をご紹介します。愛情深い〝いい男〟とつきあうための具体策や、注意すべきタブーについてもお話しいたします。

また、今回新装版を発刊するにあたって、幸せな恋愛をするための具体的解決策のひとつである「三日後日記」を巻末に収録しました。「三日後日記」は、その恋愛がホンモノかどうかを見極める有効な手がかりになるものです。つきあっている人、あるいは気になっている人がいるという方は、ぜひトライしてみてください。

なお、本書の企画、構成、編集などの重要な仕事を、編集者でもありライターでもある門馬説子さんにやっていただきました。心から感謝申し上げます。また、私の良きディスカッション相手の妻、マリにも深く感謝いたします。

岩月謙司

新装版・はじめに

第1章 ずっと彼氏がいないあなたへ

第2章 つきあいが長続きしないあなたへ

第3章 そもそも恋愛って、どういうもの？

第4章 恋愛のキホンをおさえよう

第5章 セックスしないと、恋愛とは呼べないの？

第6章　彼氏をつくるための役立つ心得

第7章 彼氏をつくるための具体策とタブー

執筆協力　門馬説子
装丁　MARTY inc.（後藤美奈子）
DTP　つむらともこ

第1章

ずっと彼氏がいないあなたへ

「恋人ができない」というのは、大別すると二つにわけられます。

ひとつは、恋愛自体がとにかく苦手で、生まれてこのかた異性とつきあったことがほとんどない場合。もうひとつは、とりあえずつきあいは始まるもののすぐに別れてしまい、「きちんとつきあっていた」という感覚がない恋愛を繰り返す場合。

本章では、前者のタイプ、いわゆる「典型的な恋愛ベタ」の具体例を紹介しましょう。

◆アタックする前に「自分なんて、だめかも」と思ってしまう

「むかないっていうか、私、基本的に恋愛に対しては臆病なんですよね」

恋愛ベタを気にして相談に訪れた、もうすぐ三十一歳になるという女性。地味でおとなしめな印象ですが、まじめで清潔感のある、ものごしのやわらかそうな雰囲気の人です。

「臆病っていっても、誰かを好きになったことはあるんでしょう?」

「そうですね、好きにはなることはなるんですけど……」

「熱烈に好きにならない、という感じ?」

「……うーん、いいえ、そうでもないです。けっこう、惚れ込むほうだと思います。自分のことをどう思ってるかなとか、誰か好きな人がいたらどうしようとか、いろいろ考えます」

「え？　じゃあ、気持ちを伝えることがヘタなの？」

「そ、そうなんですよ。今もね、じつは片思いの人がいるんです。同じ職場の人で私より二つ年下なんですけど、すごくしっかりしててめんどうみのいい人で。私の方が年上なのに、いつも助けてもらってるんですよ」

「ふーん、それなら、仲よくなるきっかけもつかみやすそうな気がするけどね」

「でも、私、だめなんですよ。何かしてくれる彼に対して、ありがとうっていうのが精一杯で、それ以上話題をつくって仲よくなるなんて、とてもできないんです。だから、半年も経つのに、彼のこと何も知らないんですよ」

「何も知らないって、じゃあ、彼に恋人がいるかどうかもわからないの？」

「いいえ、彼と仲のいい同僚にそれとなく聞いてみたら、どうやら今はフリーみたいだって……」

「じゃあ、話題がつくれないなんていってないで、思いきってアタックしてみたら？」

「でも、彼すごくモテるみたいなんですよ。女性社員から慕われることも多いみたいだし、特にむかいのデスクにいる女の子と仲がよさそうで、気になってしかたないんです」

「だけど、その女の子は別に恋人ではないんでしょう？　それほど気になるんだったら、勇気を出して告白してみたら？」

「そ、そうですよね……。でもね先生、私、アタックする前に、だめかもって、どうしても思っちゃうんです。誰かを好きになると、いっつもそうなんです。ほかに好きな人がいるに決まってる、私なんかに告白されたら、迷惑に違いないって、マイナスにばかり考えてしまうんです。学生時代にもすごく好きになった男の子がいたんですけど、同じパターンで告白できなくて、気持ちを伝えられないまま卒業してしまったんです。ほんと、情けないんですけど、私、恋愛に対してはすごく臆病なんですよ」

「うーん、でもキミのいう臆病っていうのは、ただ単に自分が傷つきたくないから、という心がウラにあるような気がするなぁ。告白すれば迷惑をかけるっていうけど、本当は、フラれて傷つくのが怖いからじゃないの？　相手を気遣うように見せかけて、結局は勇気のない自分を認めるのがイヤなだけのような気がするなぁ」

「……」

「だから、いつも一人芝居で終わっているんだと思うよ」

「一人芝居……それはありますね、はい、確かにあります」

「フラれたらコワイ、傷つくのはイヤって、思ってない？」

「……思ってるかもしれません。彼に対して迷惑どうこうというよりも、自分が傷つくのがイヤと思ってます」

「なぜ、そんなに傷つくのが怖いんだろう」

「だって、フラれたりしたら、いかにもモテない女みたいじゃないですか。女の子のほうから告白してフラれるなんて、やっぱりミジメですよ。ああ、やっぱり自分はブスで、魅力のない女なんだって、認めなければならないじゃないですか」

「美人だってフラれているよ」

「そ、そうですけど……」

「要するに、自分の存在に対する自信のなさを、フラれることで刺激されるのがイヤなんだろうなぁ」

「自分の存在に自信？」

「そう、キミは、自分のことをお邪魔虫だと思っているんだよ。自分のようなお邪魔虫の女なんて、本気で愛してくれる人なんているはずがないと思い込んでいる。でもそんなミジメな自分を認めたくないから、自分から告白することが怖いんだよ」

◆本気で好きなら、傷つくことは決してない

フラれたらカッコ悪いとか、傷つくのが怖い、などと考えてしまうのは、彼に対する感情がホンモノではないか、あるいは、自己防衛しすぎて傷つくことを回避しようとしているかのいずれかです。

この女性もそうです。一人芝居的に根拠もなく、自分であれやこれやと考えて、結局、最後まで何も行動を起こさないのです。

この女性のように、告白したいという意思があるにもかかわらず、悶々と気持ちをためこんだままでいると、知らず知らずのうちにイジケている自分に腹が立ち、怒りがわいてきます。怒りは人の心を汚し、やがて嫉妬やねたみに形を変えていきます。

こんなマイナスの気持ちがふくらんでくると、最後には心の中は憎しみでいっぱいになります。憎しみがある限界を越えると、人を好きになることすらできない人間になってし

まいます。いえ、それ以前に、心に憎しみや怒りがあると、「あなたと仲良くしたくありませんサイン」が体から発信されてしまいます。これでは誰も怖がって近寄ってくることはありません。

ですから、あれこれ一人で考えているくらいなら、思いきって「えいやっ！」と告白してしまったほうがいいのです。

「でも、現実に、本当にフラれたらショックだし、ミジメだし……」と心配するかもしれませんが、そんな心配はいりません。フラれた瞬間は「ガーン」となるかもしれませんが、すぐに晴れ晴れとした気持ちに変わるはずです。フラれたショックよりも、告白できた満足感、自分の心に忠実に生きたという誇りのほうが勝るからです。縁がなかったと、次の恋の準備ができます。

ただし、これは「本気で相手を好き」な場合に限ります。本気でない場合は、自分を拒んだ相手を恨んだり、ああやっぱり自分はダメな人間だとますますイジケます。これではますます怒れる人になってしまいます。

◆もっとも素敵な告白の仕方

マンガ「釣りバカ日誌」（作・やまさき十三、画・北見けんいち）のなかで、主人公であるハマちゃんこと浜崎伝助氏が、奥さんであるみちこさんにプロポーズする場面があります。

「キミを幸せにする自信はありませんが、ぼくが幸せになる自信はあります。ぼくと結婚して下さい」

素直でステキなプロポーズですね。しかも、とても核心を突いています。

誤解のないように申し上げますが、これは、自分だけが幸せであればそれでいいとか、相手の幸せなんて考えない、という利己的な発想ではありません。まずは「自分は、あなたといると幸せだ」という強い気持ちがあって、そのうえで「もしあなたも私といて幸せなら、ぜひつきあいましょう」という心が込められているのです。これが重要です。

幸せな人しか、人を幸せにすることはできません。ハマちゃんは、みちこさんと一緒にいると幸せになれるので、この幸福感があればみちこさんを幸せにできると考えたのです。

自信というのは、何かをやってみてはじめてつくものです。やる前から自信がある人はいません。誇りも同様です。実行して達成するからこそ誇りがもてるようになるのです。

ハマちゃんは結婚前ですので、みちこさんを幸せにする自信がなくて当然です。結婚してみちこさんから幸せよといわれてはじめて、自信を獲得するのです。

そういう意味では、ハマちゃんはとても素直に告白をしています。決して無責任な発言をしているわけではありません。自分が幸せになれるんだから、きっとみちこさんも幸せになるんじゃないかと思ってプロポーズしているのです。

ハマちゃんは男性ですが、女性も同じです。自分が彼と一緒にいて幸せになれるかどうかを判断の基準にすればいいのです。

◆「私なんか」という発言は、女性の魅力を半減する

「フラれたら、ああやっぱり自分なんて、好かれるわけないよね、とイジケちゃいますね……」

「素直に生きると恋もうまくいくし、もっともっとモテるんだけどなぁ」

「どうしてですか？」

「真面目ないい男ほど、女性に受容と共感を求めるからだよ」

「？」

「男はね、私なんかってイジケる女性には魅力を感じないものなんだ。イジケや自己卑下というのは自己否定なんだ。どうせ自分なんか、という発想をしていると、傷つくことからまぬがれるためにはいいけど、相手を否定してしまうんだよ。だって、自分を否定している人が相手を肯定できるわけがないでしょ。受容と共感は、自分を受容できてはじめてできることだからね。ところが、ミジメになりたくなくて自分を守ろうとすると、男性に拒絶のサインを出してしまうんだ」

「えっ？　そうなんですか！　私は、ただこれ以上自分が傷つきたくないと思ってただけなのに、相手を否定するサインを出しているんですか」

「そうだよ、私はあなたと仲良くなりたくありません、というサインを出しているんだ」

「それじゃ、逆効果じゃないですか！」

「その通りだよ。だから、三十一まで恋人ができなかったんだ。いや、できないというよりは、男性を拒否してきたからなんだ。モテないのではなく、わざわざモテないように振る舞ってきたんだよ」

「……」

「私なんか」という気持ちを謙虚さと考えている女性は少なくありませんが、これはとんでもないカン違いです。こういう人のことを「ひねくれた人」というのです。ひねくれた人は、扱いが困難です。なにしろ、親切にしても、それをイヤミと受け取ってしまう人だからです。しかも、意地悪をされれば、意地悪されたと受け取るので、こういう人は、誰からも親切にされたことがないと感じる人です。

しかし、ひねくれた人ほど、自分をひねくれている人だとは思っていません。まして、自分は人からされた親切をイヤミに受け取る人だ、などとは夢にも思っていません。

さきほどお話ししましたように、自己卑下という自己否定をしているから、「私なんか」という発言が出てくるのです。自分自身をさげすんだり、否定したりしている人は、無意識に他人をも否定し、さげすみます。自分を肯定できない人は、決して他人を肯定することはできません。相手を尊重したり、受け容れたりすることができないのです。

女性の魅力の半分は、受容の魅力です（もう半分は美人とかかわいいという性的な魅力です）。ですから、「私なんかと一緒にいて楽しい？」という発言をするような女性は、みずから自分の魅力を半減させているのです。こういう女性のことを「謙虚な人だ」と解釈する男性はいません。せっかく相手の男性がよかれと思ってつきあっているのですから、「こんな私のどこがいいの？」という発言は、「こんな程度の低い女をデートに誘うなんて、あなた、頭がどうかしているんじゃないの？」という発言と同等なのです。

誠実で愛があり、女性を幸せにできる〝いい男〟ほど、この手の発言にはガックリきます。なぜなら、いい男ほど受容能力の高い女性を求めるからです。自己否定しない女性＝他人を受け容れる能力が高い女性＝男性にとって魅力的な女性、という等式を、いい男はよく知っているのです。

「私なんか」という、イジケた気持ちのまま告白しても、決して相手には魅力的には映りません。たとえ運よくつきあい始めることができたとしても、その後うまくいかなくなります。その結果ますますイジケて、ますます自己卑下が強まり、ますます怒りもふえて、ますます否定的なサインを出すようになり、ますます魅力がなくなり、ますますフラれやすくなる……と、悪循環にハマる危険があります。

ズバリいいますと、これまで一度も恋をしたことがないとか、これまで一度も男性とつきあったことがない、という女性の多くは、このイジケ型、つまり「自分を本気で愛してくれる男性なんているわけがない」と思い込んでいるタイプです。この思い込みが強いと、たとえどんな美人でも、男性たちは拒絶のサインに恐れおののいて近寄って来ないのです。モテないのではなく、寄せつけないのです。怖くて声をかけられないのです。

◆「みんなに好かれたい」人は、人間関係につまずきやすい

他人に対して気配りがある、こまやかな気遣いをする、という態度は人間として立派です。

下心なく相手の心地よさを尊重して気遣いをするのはいいことですが、自分が嫌われたくない、という動機（下心）で人に気を遣うのはいけません。たとえば、「こんなことしたら軽蔑されないだろうか」とか「あんなことしたら嫌われないだろうか」と人の顔色ばかりうかがっているようでは、よき人間関係をつくることは不可能です。

なぜなら、「自己保身のため」という下心があって気遣いをすると、「私を嫌わないでね」「私を軽蔑しないでね」「私の存在を無視しないでね」と相手に無言の圧力をかけるばかり

でなく、期待ばかりが大きくなり、相手が自分の期待に十分応えてくれないと、密かに腹を立てるようになるからです。しかも、腹を立てている本人はバレていないと思っていても、その気持ちがじつはしっかりと周りの人にバレてしまっていて、周りの人から、「彼女は親切なんだけど、親切にされるたびに何か見返りを期待されているような気がして気が重くなる」「恩着せがましい感じがする」などと思われてしまうのです。

気遣いや親切というのは、「私自身が楽しくてやったことが、結果として周囲も楽しませることになった」という純粋な動機による行動がもっとも望ましい姿です。しかし、表面的には同じ行為でも、下心や不純な動機のある親切は、相手に不安や不快を与えてしまうのです。

ただ、「思いやり」とこの「下心のある親切」は、判別がむずかしく、しかも、どちらもほとんど無意識に行なうことなので、当人でさえ取り違えることが多々あります。「人当たりはいいし、誰にも親切で、みんなに好かれていると思えるのに、なぜか友だちに恵まれなかったり、なかなか恋人ができない人」というのは、不純な動機で親切をしていることが多いのです。

「友だちはすごくいっぱいいるんですよぉ。女の子の友だちも、男友だちもいっぱいいるんだけど、なんで私、カレができないのかなあ……」

次に紹介するのは、二十三歳、アパレル関係の会社に勤めているという女性です。さすが、アパレルというだけあっておしゃれ上手で、流行のファッションにも敏感のようです。今風の、スリムでカワイイ女の子という感じです。それなのにまったく恋人ができず、二十三年間、男の子とはつきあったことが一度もないというのです。「こんなにかわいい子なのに、どうして？」と思わずにはいられません。

「コンパとかもけっこう行くし、それなりに〝これはイケる！〟って感じのときもあるのに、なぜかだめなんですよねー。なかなかつきあうまでいかなくて」

「コンパって、どのくらいの割合で行くの？」

「うーん、ここ三カ月くらいは週一、ううん、週二は行ってるかなあ……。誘われれば絶対に断らないし、自分で幹事をすることもあります」

「週に二回も！　すごく精力的だね」

「うん、もともと、みんなでお酒を飲んでワイワイやるのが好きなんです。それに、私けっこうマメなんですよ。いつもちゃんとカメラをもっていって、みんなを写してあげて、それを人数分焼き増しして、きちんと配ってあげるんです。ほら、こんなふうにね」

「これはすごい。キレイな封筒に入れてあって、もらった人は喜ぶだろうねぇ」

「はい、とっても喜んでもらえます。女の子でカメラもち歩く子は少ないし」

「写真を撮るのが好きなんだね？」

「ううん、別に好きというわけじゃないんだけど、みんなに喜んでもらいたくて。合コン仲間のあいだでは私、カメラウーマンで通ってるんですよ。合コンだけじゃなくて、みんなで旅行したりするときも常にカメラは忘れません。里美（彼女の名前）はあたしたちの専属カメラマンよね、なんていわれてて。みんなから期待されてると思うと、うれしくなるんです」

「でも、好きでもないのに毎回カメラ係をするのも疲れるでしょう？　手間もお金もかかるだろうし」

「うーん、そうですね……めんどうくさいなぁって思うときもけっこうありますねぇ。カメラを忘れていったり、フィルムを切らしたりすると文句いわれることもあるし。じゃあ、たまにはオマエがやれよっていい返してやりたくなります」

「そういう時は、いってやったらどうかな？」

「うーん、いってやりたいけど、いえないなぁ……」

「どうして？」

「だって、そんなこといったら、期待を裏切ることになるし……嫌われそうだし……次から合コン誘ってもらえなくなっちゃうかもしれないし……」

「まさか！」

「私もそう思うんですけど、期待を裏切ることに罪悪感を感じるんです」

「どうして罪悪感を感じるの？」

「うーん、よくわからないけど、期待に応えないと、みんなを怒らせちゃいそうだし……」

「自分の存在を忘れられるのが怖いんでしょ」

「怖い……うん、そうですね、もしかすると、そうかもしれない」

「もしかしなくてもそうだよ。だからみんなの便利屋さんに徹することで、自分の存在価値をアピールしているんだ」

「だから、みんなに感謝されないと悲しくなるのかな」

「そう、存在を無視されたと思って怖くなるんだ」

「じゃ、私の感じていた罪悪感は、相手に悪いという意味での罪悪ではなく、自分が見捨てられるかもしれないっていう恐怖を感じていたものなんですね」

「そう、見返りを期待した親切をしていたんだよ」

「私の存在を認めて！　っていう期待かな？」

「そうだね、カメラウーマンをした代償として、私を無視しないで！　という無言の圧力をかけていたんだよ」

「圧力かあ……たしかに、感謝してほしいっていうのは、いつも心で思ってましたね」

「期待したほど感謝されないと、腹が立ったでしょ？」

「うーん、ムカつくことも多いですね。まさか、友だちは私がひそかにムカついていることに誰も気づいてないと思うけど」

「いや、みんなはウスウス気がついていたと思うよ」

「えっ？　私がムカついてたことですか？」

「人はね、体から発信されるサインには敏感なんだ。たとえ顔で笑っていても伝わってしまうものなんだ」

◆家族のなかでも「顔色をうかがう」関係

好きでもないカメラをいつも携帯して、みんなのために撮影し、几帳面に焼き増ししてはみんなに配る……そんな真面目な彼女ですが、実家での親子関係はギクシャクしているといいます。


「私、実家でも、自分の居場所がないような感じがするんですよね」

「だから余計に、友人たちに自分の存在を認めてもらいたいんでしょう」

「そうだと思います」

「どういうふうに実家は居心地悪いの？」

「私ね、親に逆らったこと一度もないんです」

「逆らえないの？」

「うち、父親がきびしいんです。口答えしたり、気に入らないそぶりをすると、すごく怒るんです。ささいなことでも、すぐキレます。別に暴力的な感じではないんですけど、なんていうか、威圧的っていうか……」

「お母さんとは？」

「母親はフツーの明るいオバサンって感じですけど……。ワイドショーネタはよく知ってるし、しょっちゅう友だちと遊びにいってて、ちょっとミーハーかな」

「じゃあ、お母さんとは仲がいいの？」

「いいえ、悪いわけじゃないですけど、仲がいいというほどじゃないです。とにかくよくしゃべる母親で、私の出る幕なしって感じで弾丸のようにしゃべります。明るいを通りこして、騒々しいって思うことすらあるなぁ。聞き役をすると疲れます」

「それじゃあ心は休まらないね。キミは一人っ子？」

「いいえ、妹がいます。でも妹は学校を卒業して早々に家を出ちゃったんです。妹はちゃっかりしてるんですよ。親に相談もなく自分で勝手にアパートを決めてきて、ある日突然、出ていっちゃったんですから」

「キミも思いきって一人暮らししてみたら？　もしかすると、一人になったほうが気持ちが落ち着くかもしれないよ」

「いやぁ〜、まず父が大反対しますね。オマエまで出ていくとはなんだっ！って。お父さんの機嫌をそこねると、母も一緒になって私を責めるだろうし……。そんなごたごたを起こしてまで家を出たいとは思わないですね」

◆「見返り」を要求している恋愛は成功しない

お父さんの気持ちを察して、居心地もよくない実家にあえてとどまろうとする彼女。友だちのみならず、家族に対しても配慮を欠かさず、涙ぐましいほどサービス精神が旺盛です。これなら恋人もできそうなものなのに、どうしてできないのでしょうか?

それは、彼女の行動のウラには、大いなる下心が隠されているからです。先ほど申し上げましたように、その彼女の下心とは、「自分の存在を認めてほしい」「これだけしてあげているのだから、それ相応のものを返してほしい」という見返りを期待することです。

見返りや感謝などを要求する「下心」が見え隠れする行為に対して素直に感謝する人はいません。人は、無償の行為に対して感謝するのです。それゆえ、「感謝してほしくてがんばっている人ほど感謝されない」、という皮肉な結果が生じるのです。

他人が気に入るように、他人の機嫌をそこねないように、ということを第一に考えて行動すれば、それなりに「いい子」のお墨付きはもらえますし、むげにみんなから疎外されることはありません。しかし、嫌われなくても、好かれることはないのです。ここが重要なポイントです。

下心なく純粋に「私の贈った写真で喜んでほしい」と思っているのであれば、写真を焼き増ししてもらう相手もうれしく感じます。しかし、見返りという下心がある場合は、焼き増しをもらったことはうれしいけど、「感謝しろ」「見捨てないで」ということを強要されて不愉快に感じるのです。

敏感な人は、そういう相手の不快感を感じ取って、ますますご機嫌を取ろうとします。でも、前よりもっと、期待を込めてご機嫌取りをしますので、相手はさらに強要されたと感じてますます不愉快になります。

このようなタイプの人は、恋愛に関しても同様の心理が働いていることが多いものです。見返りを要求している限り、恋愛が発展することはありません。「愛が重たい」といわれ、次第に敬遠されていくことになるのです。

◆「無言の圧力」をいやがって、「いい男」はみんな逃げていく

「男の子にアプローチするときは、けっこう積極的なほう？」

「うーん、そうですね。ある意味積極的かもしれないです。といっても、別に、好き好き好きー！って迫るわけじゃなくて、うまく運ぶように順を踏んで、用意周到って感じでいくんですよ」

「え？　たとえば、どういうふうに？」

「唐突なことはしないで、常識をはずさないようにするんです。合コンで気に入った人を見つけたら、きっちりマークして電話する。でも、いかにも好意をもってます、というそぶりは見せないようにして、口実をうまくつくって誘われやすくするんです。デートするなら支払いは必ずワリカンにするとか、何かしてもらったらきちんとお礼をいうとか」

「ふーん、ずいぶん気を遣っているね。それに、好意をもっているそぶりを見せないようにってどういうこと？」

「だって、好きな気持ちがミエミエって、なんとなく気持ち悪いでしょう？」

「どうして？　喜ぶと思うけどなぁ」

「嫌いな女の子から好き好きっていわれたら、男の子って気色悪く感じないですか？　あんまり露骨に告白するのも相手にも失礼かなと思うし、そういうことを抜きにしたほうがお互いに会話もはずむような気がするんですよ。はじめっからディープなのって、重たいでしょ？」

「相手に好意を示すのと、重たくなるのとは違うと思うけどね……。それじゃ、キミはどんなタイプの男性と、どんな話題で盛り上がるの？」

「そうですねえ……、フツーですよぉ。どんなスポーツをするかとか、どんなことをして遊ぶかとか、芸能人は誰が好きかとか……。好きなタイプはねえ、うーん、どちらかといえば、夏はサーフィン、冬はスノボやスキーみたいな、アクティブに遊ぶ人が好きかな。ウチにこもるような、オタクっぽい人はあんまり好みじゃないですねぇ。つきあうんだったら、思いっきり楽しませてくれる人がいいじゃないですかぁ」

「スポーツ大好きの、イケメン君が好きなんだね」

「私そんなにメンクイじゃないつもりですけど、やっぱカレシにするなら、カッコイイほうがいいですよねー、ホンネをいえば」

彼女が必要としているものは、「心からの愛を交歓しあえるパートナー」ではなく、「自分を楽しませてくれて、なおかつ他人に自慢できる〝カレシ〟という飾り物」のようです。

「相手を重くさせないように」と配慮して、「軽いつきあい」を演出するためにわざわざ表面的な会話で盛り上げているようですが、恋人ができないということは、この演出がことごとく失敗に終わっているということにほかなりません。

彼女にしてみれば、「なぜ？　どうして？　こんなに気を遣って誘ってるのに」「どんなに私があなたを気遣っているか、わからないの！」という気持ちでいっぱいでしょう。

しかし、彼女の話から推察するに、いかにも当たり障りのない表面的な会話のウラ側には、彼女の「相手に対する見返り要求」が無意識にこめられています。

シーズンを通して何かスポーツをしてくれなくちゃイヤ。オタクっぽいのはイヤ。カッコイイ男でないとイヤ。

もちろん、彼女はこれらのことを直接言葉にして具体的に相手に要求したりはしていません。

しかし、男性側は、彼女の要求を、言葉のはしばしから感じ取っているのです。そして、「彼女はおしゃれだしカワイイからつきあってみたいけど、どうやら彼女は一〇の努力をすると、その努力に対して一〇〇の見返りを要求してきそうだ。自分はこんなに重たい要求には応えられない」と感じるのです。その結果、彼女とつきあうことがおっくうになってしまうのです。

こうして「なぜか彼氏ができない歴二十三年」という状況が続いているのです。つきあう前にフラれたり、つきあってしばらくするとギクシャクしてきて、気まずくなるのです。人間は、男女に限らず、こういう無言の圧力は敏感に感じ取っているものなのです。

このような女性は、たとえ運よくオメガネにかなう相手を見つけてつきあい始めたとしても、結婚にこぎつけるまで無言の要求を延々と続けます。いいえ、結婚したあとも、要求し続けます。それも自分のした努力の十倍以上の見返りを期待するのです。これでは相手の男性はたまったものではありません。

◆「見返り要求」の下心をなくすために、自分に正直に生きてみよう

「そんな！　だって先生、私はいつだって相手に気を遣ってるんですよ、気分を悪くさせないためにきちんと順を踏んで。これはイヤ、あれもイヤ、こうしてほしい、なんて、一度だってそんなそぶり、見せたことありません。見返りなんて、とんでもないです！」

「でもね、相手に気を遣って、きちんと順を踏んでいるつもりでも、相手に無言の圧力をかけていることがあるんだよ」

「無言の圧力？」

「そう。キミが気を遣って努力すればするほど相手に対する期待が大きくなって、無言の圧力をかけてしまうんだ」

「……順を踏むのが、迷惑になるってことでしょうか？」

「いや、そういうことではなく、下心でもって気を遣うことがよくないんだよ。本当に相手が好きで、相手が喜んでくれれば自分もうれしいと思って気を遣うなら、ちゃんと彼には思いやりやさしさとして伝わる。でも、単に相手の機嫌をそこねたくないからという

ことでは、キミの思いは伝わらないんだ」

「……私、表面的に恋愛がしたいと思ってただけなんでしょうか？」

「いや、必ずしもそうではないと思うよ。心の奥底では、熱い恋愛がしたいと思っているんじゃないかな。でも、その願望よりも、嫌われたくない、見捨てられたくない、という恐怖のほうが強いんだ。だから、傷つかないように慎重に事を進めようとするんだと思う。でも、そうやって自分を守ろうとすると、無言の圧力をかけたり、自分が知らない間に彼を傷つけてしまうんだ」

「気を遣ってたつもりが、相手を傷つけてたんですか……」

「おそらくキミは、機嫌をそこねないように気を遣う、という実家での生き残り戦略が、彼氏や友人たちにも通用すると思ったんだろうね。でも、実家での常識が世間の常識ではないことがあるんだよ。キミの場合、幼いころから両親に気を遣って生きてきたみたいだから、友だちとのつきあいにしても恋人をつくるにしても、自分の気持ちよりも相手の気持ちから考えてしまうクセが身についてしまったんだと思うよ。自己犠牲精神だね」

「自己犠牲って、いいことじゃないんですか？」

「恋愛というのは、どちらかが犠牲をはらうものでも、どちらかが我慢するものでもないんだ。キミの場合、自己犠牲をすると、すぐ相手に見返りを期待する。見捨てないでね、という見返りがあるから、自己犠牲をするんだ。でも、相手は期待したほどは応えてくれない。だから不満に思うし、自分と同じように自己犠牲をしない人間を羨んだり妬んだりするようになるんだ」

「そっか……。そういえば、妹が家を出る時、住宅情報誌を買って読んでたの。なんだかすごくうらやましかった。でも両親の反応を想像したら、私が家を出るのはどうせムリ、って思っちゃって、自分の気持ちをおさえてたかもしれない……」

「まずは、自分の気持ちに正直になることが大事だ。正直になるっていうのは、自分の気持ちをストレートに表現する、ということだ。当たってくだけろ、それでフラれたらしょうがない、と思って行動をすることだ。自分が彼を好きなら、素直に好きだという意思表明をすればいい。恋愛ってね、本来そういうものなんだ」

「私は、自分の身を守ることしか考えていなかったんですね。だから、友だちのことも好きになった男の子のことも、考えているようで、じつはまるで考えていなかったんですね」

「そう。他人はね、自分の心を映し出す鏡のようなところがあるんだ。真心で接したら、相手も真心で返す。下心や見返りを期待しない関係は気持ちいい関係なんだ。それがいい恋愛であり、いい人間関係というものだよ」

◆育った家庭環境でのクセが、恋愛の成就をさまたげる

彼女のように、幼いころにわけもなく両親から不機嫌にされたりイライラされたりするような環境で育つと、「他人と人間関係を築く際には、まず第一に相手の顔色をうかがうこと」というクセが、身についてしまうことがあります。

幼い子どもは、当然のことながら一人で生きていくことはできません。両親を頼るしかないからです。ですから、両親の機嫌が悪かったり、イライラされたりすると、子どもは「見捨てられるのではないか、生きていけないのではないか」と不安でたまらなくなるのです。そして、自分自身は何も悪いことをしていないのに、自分を責めたり常にビクビクしながら両親のご機嫌をうかがうようになってしまいます。

実は、両親の不機嫌やイライラは、子どもにはなんの関係もないところで発生していることが多いのですが、子どもにはそんなことはわかりませんので、両親の機嫌をとること

によって両親の気分がよくなって、「いい子」扱いされれば、その後もご機嫌とりを繰り返すようになります。

こうして子どもは、「ご機嫌うかがいさえしていれば、自分は見捨てられることはない」と心に刻んだまま成長し、「人間関係とは、相手のご機嫌をいかにうまくとるかによって成否が決まるものだ」という価値観をもつようになってしまうのです。

子どもは本来、自分の喜怒哀楽を親に共感してほしいものです。とくに、自分がうれしいときには、親にも同じくらいたくさん悦んでほしいと強く願います。「おいしいね」「楽しいね」「よかったね」と、共感してもらうことが、子どもにとっては最高の幸せなのです。

ところが、親と悦びを分かちあうどころか、不機嫌になられたりイライラされたりすると、子どもは深く深く傷つきます。自分の気持ちを踏みにじられ、自分の存在すら否定されたと感じて落ち込むのです。

このように心に傷を負った子どもは、二度と傷つくまいとして身を守ろうとします。

自分の幸せに嫉妬された子は、親を不機嫌にさせないよう自分の悦びを殺すようになります。うれしい時、親に嫉妬されて育った人は、自分が悦びさえ得なければ、親は不機嫌にならない、と考えます。その結果、子どもは楽しいことをすることが怖くなります。「幸せ恐怖症」というものです（「幸せ恐怖症」については50ページで詳述します）。

そのうえ、このような家庭で育ってしまうと、本来無償の愛で結ばれているはずの親子関係が、「自分が悦びを回避する＝親から見捨てられない」という「契約」によって結ばれる関係になってしまうため、この契約関係こそが人間関係の基本だと認知し、すべての人間関係に応用してしまうのです。

このように、恋人ができない、あるいは恋愛がうまくいかないという事情のウラ側には、自分が育った家庭での、不自然な親子関係が存在することが多いのです。

◆「出会いがない」を言い訳にして、みずから恋愛を遠ざける

次に紹介する女性も、彼氏いない歴三十年となかなかのツワモノです。足しげく私の研究室に遊びに来るのですが、いつも白いブラウスにグレーかもしくは黒いスカートといった制服のような服装で、お化粧もほとんどしていません。かわいい顔をした女性なのですが、その服装ゆえに、地味な印象を人に与えてしまいます。きれいな洋服を着せたら、道

行く男性が振り返りそうな顔なのに、もったいない感じがします。

「そもそも、出会いがないんですよね。会社にいる男性陣は既婚者ばかりだし、習い事は女の子の集まりだし、友だちの紹介っていうのもあまり期待できないし……。でももう三十だし、そろそろ先のことが心配になってきました」

「先のことっていうと、結婚ってこと？」

「はい。仕事もそれなりに楽しいですけど、一生やっていきたいっていうほどのものでもないですから。できればコトブキ退社したいですね」

「それなら、結婚相談所に申し込むとかしてみたら」

「一回、やったんですよ、お見合い。お見合いっていってもそんなにかしこまったものじゃなくて、ひと通り相手のプロフィールを教えてもらって、ふたりだけで待ち合わせして会ったんです」

「どうだった？」

「え……もうまったくダメでした。連れていってもらったレストランはファミレスだし、話もちっとも盛り上がらなかったし。ぜんぜんタイプじゃなかったですね」

「どんなタイプの人が好き？」

「そうですね……。でも私、そんなに理想が高いわけじゃないんですよ。学歴とか収入とかどんな会社に勤めているかとかはそれほど気にしません。自分の趣味の世界とか好きなものをきちんともってて、一緒に話をしていると楽しくなるような、前向きな人がいいなと思ってます」

「紹介してもらった彼は、あまりそういう感じじゃなかったんだね」

「一回しか会ってないからよくはわからないけど、もう一度この人と会いたいな、とは思いませんでしたね。相手のほうは、ちょっと気に入ってくれたみたいだったんですけど。

お見合いに期待するほうがムリなのかな」

「そうともいえないよ。職場で出会って結婚するのだって、お見合いで結婚するのだって、出会いという意味では変わらないんだから。職場は既婚者ばかりといっていたけど、若い男性はいないの？」

「いいえ、二十代、三十代の独身男性もいます」

「そういう人たちと話をしたり、食事をしたり飲みにいったりする機会があるでしょう」

「少しはあります。じつは一度だけ、もう辞めてしまった人なんですけど、社内恋愛になりそうなことがあったんです。私より二つ年上で、斜め向かいの席の人だったんです。同じ仕事を一緒にやる機会が多くて、それで話をすることも多かったんですよね。すごく、いいな～って思ったわけじゃないんですけど、わからないことを親切に教えてくれたり、私がミスをして落ち込んだりしていると、それとなく相談に乗って話を聞いてくれたりしてました」

「そのまま恋愛に発展しなかったの？」

「……じつは、そんな気配があるにはあったんです」

「？」

「何か具体的なことをいわれたわけじゃないんですけど、そのぉ……仲がよくなりかけてた時期に、彼から『ちょっと話があるから、時間をもらえないか』っていわれたんです」

「それで、どんな話だったの？」

「いいえ。彼の話は聞きませんでした」

「はぁ？　聞かなかったって、どういうこと？」

「その、なんていうか、ちょっと話があるっていわれて、反射的に、聞きたくないって思っちゃったんです。何をいわれるのか怖くて、聞きたくない、聞いちゃいけない。それ以上、何もいわないでって、心のなかで思っちゃったんです。だから、そのときは『今は忙しいから、あとで……』って断って、その後は仕事上必要な会話だけをするようにして、彼に話をさせないようにやんわりと避けてました」

「その後はどうなった？」

「彼のほうも、それ以上何もいってきませんでした。別にこのことが原因というわけではないと思うんですけど、彼はその半年後くらいに会社を辞めて、それからはまったく何もありませんでしたね」

「ふーん、そのことが原因だと思うけど、彼は何を話したかったんだろうねぇ」

「わかりません。でも、もしかしたら〝つきあってくれ〟とかそういう告白っぽいことだったかもしれないです」

「そう思うよ。キミのほうも、ちょっとは彼のことを気に入っていたんでしょう？ それなら本来は彼からの告白は大歓迎のはずだよね」

「うーん、そうなんですけど……私、告白とか、そういうの苦手で、誰かとラブラブな恋をするっていうの、想像できないんですよ。友だちのなかには不倫とかかけおちとか、そういう熱烈な恋愛をしている人もいるんですけど、私はまったくわからないですね。そこまで誰かを好きになるっていうこと自体も理解できないです」

「でも、誰かを好きになって結婚したいっていう気持ちはあるんでしょう？　何も不倫やかけおちをする必要はないけど、誰かを好きになることは人間としてとってもすばらしい精神活動だと思うよ」

「誰かを好きになって結婚したいっていう気持ちもあることはあるんですけど、失敗したくはないし。今、私は実家で親と暮らしているんですけど、それはそれで居心地いいし、ヘタに結婚して今よりも生活のクオリティが落ちるのはイヤですからね。私には四十歳と三十五歳の姉がいるんですけど、みんな同じように思ってるのか、二人ともお嫁にいってないんです」

「パラサイト・シングルとかいうヤツだね。親は結婚しろとはいわないの？」

「別に何もいわないです」

「両親は仲いいの？」

「そうですね、たまにふたりで旅行したりしてて、仲がよさそうにも見えますけど。ずっと同じ町内に住んでてご近所さん同士だったみたいで、それで紹介してもらって結婚したらしいです。知り合い結婚って感じですかね。だから、両親を見ていても、かつて恋人同士だったなんて雰囲気は全然ないです。お互いが空気のような存在になってるともいえそうだけど、かといって深い絆で結ばれているって感じもあんまりない……かな。でも、結婚して夫婦になるって、そんなものなんじゃないんですか？」

今回、彼女の話のなかで気になったのは、お互いに好感をもっている相手とうまくいきそうになったのに、あえてそれをみずから避けてしまったという点です。まったく好意をもっていない相手からのアプローチなら断っても当然ですが、どうして彼女は、みずからも好意をもっていながら、「話を聞くのがコワイ」といって相手を遠ざけてしまったのでしょうか？

◆「幸せになる」ことから、あえて逃げようとする

このように、幸せになること（この場合の幸せとは、恋人ができること）をあえて避けようとする行為を、私は「幸せ恐怖症」と呼んでいます。

「誰かとつきあいたい、恋人がほしい」「幸せになりたい」と意識の上では強く幸福を求

めながら、実際にその願望が実現しそうになると、自分からそのチャンスを捨てて壊してしまうのです。あるいは、第一希望の男性を選ばずに、さして好きでもない第五希望の男性を選んでしまうのです。

「彼の話を聞くのがコワイ」と奇しくも彼女がいったように、幸せ恐怖症の人は、まるで幸せになることを恐怖しているかのごとく、幸せを回避するような行動をとってしまうのです。

どうしてそんなバカなことをしてしまうのか、自分でもわかりません。その原因究明をさぼっていると、また幸せのチャンスがめぐってきても、同じように回避します。放っておくと、一生これを繰り返します。つまり、一生幸せにはなれません。

この幸せ恐怖症というのは、自分ではほとんど自覚することはできません。本人は、「自分は常に最高の恋人を求めている」と思っていますし、実際に恋人を選んだ場合も「自分は最適の相手を選んだ」と信じ込んでいます。しかし、現実には、恋人ができないし、できたとしてもどこかで幸せがコワイと思ってしまう自分がいるのです。

では、なぜ、幸せ恐怖症などというゆがんだ心理状態がつくられてしまうのでしょうか？

これは、おもに「母親からの嫉妬」が原因です。幸せな母親は娘の幸福を願いますが、不幸な母親は、娘の幸せを願うことができないのです。まさか、と思われるかもしれませんが、人間というものは、ある程度以上に幸せな人でないと、人の幸せを一緒になって喜ぶことができないものです。人の幸せを願うことのできない人は、我が子の幸せをも願うことができないばかりか、我が子の幸せに嫉妬をしてしまう人なのです。

しかもタチが悪いことに、娘に対して「不幸を願ってあからさまにつらく当たる」のではなく、「自分の幸せを一〇〇としたら、娘にはその七がけ、つまり七〇の幸せを願う」ようなふるまいをするのです（私はこれを「親の七がけ幸福論」と名付けました）。

たとえば、娘が幸せな気分でルンルンしていると不機嫌な態度で娘に接したり無視したりする一方で、逆に娘がおちこんでいると、かいがいしく世話を焼いたりやさしい言葉をかけてなぐさめたりするのです。

子どもは親の心理状態には敏感ですから、どんなときに親が自分に嫉妬するのかすぐに学習してしまいます。「自分が楽しいことをして幸福な気分になると、親が嫉妬してくる。でも小さい悦びの場合は親は嫉妬しない」。自分に許される幸福度の限度を子どもは無数の試行錯誤のなかで会得していくのです。子どもにとって親の不機嫌やイライラほど恐ろしいものはありません。まして、親に自分の幸福を嫉妬されることは、子どもにとっては死ぬほどつらいことだからです。

こうして親から許される範囲での「小さな幸せ（＝不幸）」を選択し続けた結果、「素敵な恋人をつくるのが怖くなる」ということになってしまうのです。

こういうと、「そんな鬼のような母親がいるものか。娘の幸せを願わない親がどこにいる！」と反論を受けそうですが、嫉妬する当人である母親自身、自分がわが子に対して嫉妬している自覚がないものです。

むしろ、子どもが病気になったり窮地におちいると、一生懸命に看病したり慰めたりしますので、「自分は立派に親らしいことをしている」と思います。まさか自分が「子どもに嫉妬する親だ」とは思いもしません。

事実、親は子の不幸を願っているわけではありません。それだけに、親も子もまったく気づかず、しかし、確実に幸せを避けるのが、この幸せ恐怖症なのです。

◆「結婚なんてこんなもの」と思わせる夫婦は、お手本にならない

今回の三十歳の彼女の話だけで「それは幸せ恐怖症だ。彼女の母親は娘に嫉妬しているのだ」と断言するのはむずかしいですが、彼女の言葉の最後にあった「深い絆も感じられないけど、夫婦とはこんなものだろう」というセリフはとても気になります。それに適齢期と思われる年齢の娘が三人とも結婚していないというのも、家に不自然さが漂っている証拠です。結婚だけが女性の目標ではありませんが、三人全員が未婚というのはあまりに不自然です。親の育て方に問題があったといわざるを得ないでしょう。

誰しも完璧な結婚をするというのは不可能ですが、互いの幸せを応援しあい、悦びを共感しあえる関係で結ばれた夫婦なら、子どもは「夫婦とはしょせんこんな程度のものだろう」と感じたりはしないものです。「結婚とはいいものだ」と思います。もちろん、「結婚したい」と思います。

ところが、いいお手本がないと、「結婚することによって、今よりも生活のレベルが下がるかもしれない。そうなるのはイヤ」と思ったり、心のどこかで「結婚なんて〝こんな

もの〟でしかなく、〝こんなもの〟に人生をかけることはできない」と思ってしまいます。もっといえば、「結婚によって得られるのはマイナスでしかないので、それなら、さして愉快でも不愉快でもないけれどパラサイトでいたほうがいい」という心理が働いてしまいます。今よりもすべての面において悪くなることが予測される結婚では、踏み切れる道理がありません。

まして、幼いころから親に幸せを嫉妬され、そのたびに幸せを避けて成長してしまった人は、幸せというのはどういうものなのかわからないまま、一生を送ることになります。「すごく幸せだ」という感動などいっさいなく、「人生なんてこんなものだろう」と思ってしまうのです。満足かと聞かれれば満足ではない、しかし不満かと聞かれればさして不満でもない（でも、やや不満）という、中途半端な人生になるのです。

「実家は居心地がいい。だから結婚もしないんだ」といえば一瞬「なるほど」と納得してしまいますが、本当に居心地のいい幸せに満ちた家庭で暮らしていれば、幸せな結婚を求めて巣立とうとするのが正常な状態です。

◆相手の気持ちがいまひとつ読めない

好きな人ができた。なんとなく仲よくなって、あともう一歩でなんとかなりそうな予感もする。でもその一歩がなかなか踏み出せない……。

そんな「両思いのような、片思い」で悩む、自称「恋愛ベタ」という方も多いと思います。いろんなことを考えすぎてしまって、「好き」という気持ちを素直に出せない。さりとて相手が積極的になればちょっとひいてしまう……こんな女性が職場に一人はいるものです。

「子どもっぽいって思われるかもしれないですけど、私この年になるまで、恋愛をしたことがなかったんですよ。だから、男の人とつきあったこともないんです。こんなんでうまくいくのかなあ」

先月二十七歳になったばかりという彼女は、派遣社員として某大手電機メーカーに勤めていたOLさんですが、介護士の資格を取る勉強をするために先ごろ退社。年齢のわりには若く見えますが、清潔感のある話し方と、まっすぐに相手を見て話す仕草にはとても好感がもてます。

彼氏いない歴二十六年にして、はじめて好きな男性ができたといいます。順調にいきそうな感じもあったのに、なぜかデートまでこぎつけず、今はそのことで悩んでいるというのです。

「彼とは同い年なんですけど、私は派遣で彼は本社の人だから、いちおう彼は私の上司なんです。でも、すごく気さくな人で、会社のなかでもみんなから慕われています。まじめながんばりやさんで、みんなが楽しく仕事できるようにいつも気配りして、仕事のできるキレモノっていうタイプじゃないんですけど、とても尊敬できる人なんですよね」

「尊敬できるっていうのはすごくいいことだね。そういうキミの気持ちを彼にはまったく伝えてないの？」

「いえ、そうでもないです。別の上司の人にそれとなく探りを入れて、彼に恋人がいるかどうか聞いてみたら、まったくその気配はないみたいだったんで、それならと思って、バレンタインデーにチョコレートをプレゼントしたりしました」

「彼の反応は？」

「チョコレートを渡す一週間前に、『チョコレートを渡したいんですけど、彼女とかいないですか？』って、念のため彼に聞いたんです。そうしたら、『彼女なんて、いないよ。チョコレートくれるの？　うれしいな』ってすごく喜んでくれて」

「そこまでいけば、なんの問題もないようだけど」

「……それがですね、彼、私がチョコレートを渡したいっていったのを、自分の同僚にしゃべっちゃったみたいで」

「え？　社内恋愛は御法度の会社？」

「いいえ、そうじゃないんですけど、その同僚の人がいうには、彼すごく舞い上がってて、『宮原さん（彼女の名前）だったら、いい奥さんになりそうだよな』とかいってたらしいんです」

「キミに気があるから、喜んでるんじゃないの？」

「でも私、すぐに結婚とかいわれると、なんかひいちゃうんですよね。まだまだやりたいこととかあるし、人間的にも半人前だし……」

「結婚を考えるほど、彼のことを好きじゃないっていうこと？」

「いえ、そうじゃないです。一緒になるなら、彼みたいな人がいいと思います。でも、まだ結婚っていうには、ちょっと早いんじゃないですか。チョコレート渡したい、っていっただけなのに」

「……」

「なんか、ちょっと気持ちがひいてしまって、バレンタインデーの日には、当たり障りのないメッセージだけ添えて、デスクの上にチョコレートをおいておきました」

「彼はなんかいってきた？」

「その日の夕方、『もしよかったら、今晩食事にいかないか』って誘われました。でもなんだかスッキリしなくて、今日は予定があるって断っちゃいました」

「はぁ？」

「素直じゃないって、わかってはいるんですけど、すぐに結婚、結婚って騒ぐのも子どもっぽいと思いませんか？」

「そうは思わないけどなあ……。じゃあ、それ以降、気持ちは冷めちゃったの？」

「いえ、そんなことはないです。好きっていう気持ちも尊敬する気持ちも変わらないです。その後も、一緒にランチにいきました」

◆相手から見れば、自分は「ナゾの人」になっている

「お昼ごはんを食べに行けば、彼の気持ちもわかるんじゃないの？」

「彼は、何人かで食事したときに、『吉永小百合っていいよな』っていってました。吉永小百合が好きって、年増が好きってことなんでしょうか？　もしかして、マザコンでしょうか」

「いや、それはわからないけど、吉永小百合が好きだからといって、必ずしもマザコンや年増好きとはいえないと思うよ。吉永小百合のような清楚な感じの女性が好き、ということかもしれないでしょ」

「あ、そうなんですか。私の考えすぎでしょうか……」

「ほかには？」

「彼の同僚から聞いたんですけど、彼、恋愛に関してはオクテみたいです。大学時代の一年間誰かとつきあってたっていう程度で、それ以後はずっと恋人がいないらしいんです。『オレはぜんぜんダメ。フラれてばっかだよ』って。だから、すごいオンナったらしだっ

ていうわけではないみたいです」

「ああ、じゃあ恋愛に関してはキミと同じような感じなのかもしれないね。まじめで勤勉なところも似ているし、うまくいきそうな気がするけどね」

「ほんと、彼、まじめなんですよ。私が会社を辞める十日くらい前に、ちょっと目立つような私語を、勤務中にしてしまったんです。そうしたら、『宮原さん、ちょっと私語が多いよ』って注意されちゃって。それからなんとなく彼の態度が冷たくなったような気がして、私も反省して落ち込んじゃったんですけど、私が退職する前日、彼が、『宮原さん、ちょっと』って私のことを部屋の外に呼んで、『あのときはきつく注意しちゃったけど、悪かったね。でも注意したほうが宮原さんのためかなと思って、注意したんだ。次の会社にいってもがんばってね』っていってくれたんです」

「へえ、いい人じゃないか。心配してくれてたんだね」

「で、私がそのときに、『ありがとうございます。でも、次の就職先はまだ決めてないんです』っていったら、彼、『そうか、でも宮原さんなら永久就職っていうのもあるんじゃない』っていうんです。……永久就職って、結婚ってことですよね？」

「そうだね」

「これって、やっぱヘンじゃないですか？」

「……ヘンってことはないけど、キミ、バレンタインデー事件のあと、なにか彼に思わせぶりなことをしたりしてない？」

「思わせぶりかどうかわからないですけど、彼のことを慕う気持ちはそのままですし、ランチにいくときも、誘われれば必ず一緒にいきました。『オレとばっかりじゃ飽きるだろうから、別の人ともメシ食いにいったら？』っていわれたこともあったんですけど、『私は毎日でも（彼と）一緒にごはんが食べたいです』って、そういいました」

「それって、まるでプロポーズみたいだね」

「えっ、私、彼にプロポーズしちゃたのかな？」

「そうだと思うよ。だから、キミが会社を辞めるとき、彼が永久就職という言葉を使ったんだろう」

「はあ……」

「その後、彼のほうからも、何もなし？」

「はい。ただ、最後の出社の日、同じ部署の人たちがお別れ会をやってくれたんですけど、彼は仕事があって来られなくて、そのかわりに彼が買った花束を、別の同僚に託してくれました」

「……キミは、人の心がわからないみたいだね」

「はい。考えれば考えるほど彼の本心がわからなくて、悩んでいます」

「いや、それは逆だよ」

「え？　逆って？」

「彼のほうが悩んでるよ。『宮原さんは、よくわからない。理解できない。チョコレートを渡したいってわざわざいってきてくれたのに食事に誘えば断られるし、その後もなんとなく好意を寄せてくれているみたいなんだけど、どうもハッキリしないし……オレのこと、本当はどう思ってるんだろう』って。キミとしてはすごく慎重になって行動してるつもりでも、彼の目には、ナゾだらけのオンナとして映ってると思うよ」

「ナゾのオンナですか……」

「いい意味じゃないよ。わけのわからない、矛盾だらけで理解不能なヘンなオンナっていう意味だよ」

◆慎重すぎたり疑ったりするのは「拒否」のサインになる

彼女の話を聞いていて、しばしば言葉を失ってしまいました。

彼女は彼にアタックしておきながら、彼からOKのサインを出されると、思いきりひいてしまっているのです。一方、彼は、憎からず思っていた彼女から好意を寄せられたのですから、彼女いない歴の長い彼にとっては、飛び上がるほどうれしかったのでしょう。そう考えれば、彼の反応は多少過剰気味ではあるにしろ、きわめて純粋で素直な反応です。

むしろ、彼女のほうが、不可解なふるまいをして彼を振り回してしまっているのです。彼女は「尊敬できるし頼りがいのある彼だからつきあいたい」と思って実際にアプローチしているのですから、彼女に対して同じように好意を抱いている彼としては、当然のことながら悦んで応えようとします。

ところが、好意のあるリアクションを彼がするたびに、彼女は手のひらを返したように態度を変えてしまうのです。冷たくされたと彼は感じます。そしてそのたびに、彼は「なんでこんな仕打ちをするんだろう?」「彼女はオレのことが嫌いなんだろうな」と思うのです。

しかも、不思議なことに、その後も彼女は自分を慕ってくれて、「毎日でも一緒にお昼ごはんを食べたい」というのですから、ますます混乱します。気を取り直し、それならばと、もう一度勇気をもって行動してみても、やはり前と同じパターンで冷たくされてしまうのです。これの繰り返しです。

こうして彼は、ますます「?・?・?」とギモンでいっぱいになってしまい、結果として「彼女はなんだかよくわからない。オレのことを好きなのか？　それとも、オレをからかって楽しんでるんだろうか」ということになってしまったのです。せっかくおたがいに好意をもっていたのに、こんなにもったいない話はありません。

彼女としては、彼氏いない歴二十六年にしてはじめて「本気でつきあおう」と思える相手と出会ったのですから、慎重に吟味した上で間違いのないつきあいを始めたいと思っています。だから「すぐに結婚を考える男性とつきあっても大丈夫だろうか」とか、「この男性は、私のことをどこまで本気で好きなんだろう」と考えすぎてしまうのでしょう。

まじめに相手を選ぶということはとても大事です。しかし慎重さや謙虚さも度を超えると、相手に「拒否」のサインとして受け取られてしまいます。「拒否」のサインは、男性にとって痛烈です。悪くすると、それまでもっていた好意も雲散霧消してしまう可能性もあります。本人にはまったくそのつもりがなくても、拒否のサインを出していることがあるのです。「あなたのことは好きじゃありません。カン違いしないでください」といっているのと同じことになってしまうのです。

「えー！　そんなこと、考えもしませんでした。拒否だなんてとんでもない、自分では一生懸命アプローチしてるつもりだったのに……。でも、いわれてみればそうですよね、私のほうからアタックしておいてフイッとひいちゃってるんですから、もちあげておいて、高いところから落としているようなものですよね。……カワイクない、やなオンナですよね、私って」

「男性にはね、女性に悦んでもらいたいっていう根源的な欲求があるんだ。いい男ほど、自分がしてあげたことに対して素直に悦んでほしい、そして、彼女の悦ぶ顔を見るのが何よりもうれしいってそう思ってるんだ。それに、女性が落ちこんでいる姿を見たら、少しでも早く元気になれるよう力になりたいっていう気持ちがある。でも、だからこそ、自分がしたことで彼女が悦んでくれないと男性はイヤになるんだ。また、彼女の気持ちがわからないと、男性は不安になる。悦んでいるのか、怒っているのかわからないのでは対処のしようがないからね。だから、喜怒哀楽を素直に表現する素直な女性を男性は求めるんだよ」

「素直な態度が魅力の原点なんですね」

「そうだ。それに素直に気持ちを表わさない女性は、男性にとっては、自分に心を開いていない女性に見えるんだ。自分に心を開こうとしない女性に親切にしても、愛を受け取ってもらえないからね。だから、男性は早々にあきらめてしまうんだよ。自分のことが好きじゃないんだな、と解釈してしまうからね」

「女性の側にそんなつもりがなくても、ですか？」

「もちろん。相手の女性が緊張し警戒をとかないと、男性は自分は拒絶されていると解釈する。たとえ女性の側が彼に好意を抱いていても、カン違いされて敬遠されてしまうよ」

「そっかぁ……。考えてみれば、私は自分の勝手な思い込みで行動していることが多いかもしれないですね。私はガンコで思い込みが激しいのかな？」

「その傾向は強いと思うね」

「彼はマザコンかも、とか、彼とつきあってすぐに結婚を迫られたらどうしよう、とか…

…全部憶測ですもんね。自分の勝手な憶測で彼のことを判断して、彼の気持ちをないがしろにしてしまったんですね」

「そう。ところで、今でも彼のことは好き？」

「はい、大好きです！　彼のことを尊敬しているし、一緒にいると心がホッとします。ほかの人を探そうなんて、今は全然考えられません」

「それなら、余計なことをゴチャゴチャ考えずに、もう一度素直な気持ちでぶつかってみたら」

「はい。でも……素直になるって、むずかしいですよね……」

第2章

つきあいが
長続きしないあなたへ

◆物事の「因果関係」を理解できない女性

前章では「つきあうまでに至らない」タイプの悩みをご紹介しましたが、本章では「つきあいはするけれど、すぐに終わってしまう」タイプの悩みを中心に見ていきましょう。

好きな人ができてつきあってはみるものの、長続きせずに別れてしまうという場合もさまざまな原因が考えられます。つきあうまでに至らない人の原因と重なることも多いのですが、このタイプでもっとも多い破局の原因は、「物事の因果関係を理解することができない」ということです。無神経なタイプの女性です。

因果関係とは、文字通り「原因（因）」から「結果（果）」が生じるつながりのことです。ものごとはなんでも「わけもなく」ということはありません。わけを理解できないだけで、ものごとにはすべて、原因があって結果があるのです。

しかし、悪いことが発生するとみんな人のせいにしてしまう人がいます。こういう人は、いい恋愛に発展させることは困難です。昔から、「いいことは人のせい、悪いことは自分のせい」だと思って生きよ、といわれていますが、無神経な人は、自分のことを棚にあげて、人のことを責めてばかりいます。これでは、誰と恋愛をしても、その関係を深めることはできません。

例をあげて具体的に説明しましょう。

背が低いことを気にしていた男性がいました。彼は、「あともう三センチ背が高かったらなあ」と、身長が低いことに、少々コンプレックスを感じています。周囲の友人のなかには、彼が背の低さを気にしていることを知っていてあえてイジワルに「チビ」とからかう人もいますが、コンプレックスを刺激しすぎない範囲にとどめています。彼のほうもあまりこだわるのは大人げないとわかっているので、多少のイジワルは聞き流していました。

そんな彼に恋人ができました。とてもおしゃれでかわいらしく、男の子にもすごくモテる女の子です。彼もまんざらではありません。周囲もうらやむような美人をゲットして、コンプレックスが吹き飛んでいます。日曜日、彼女とデートすることになりました。

彼女はバッチリめかしこんで、手製のランチを持参してデートにのぞみました。カワイイ彼女とおいしいお手製の弁当。何もいうことなしの一日の始まりのはずでしたが、悲劇はデートが始まって一時間もたたないうちに起こりました。

待ち合わせの場所から目的の公園へいく途中、彼よりも更に背の低い男性がチラシ配りをしていました。その男性とすれ違った直後、彼女は無邪気に彼にいいました。

「うわあ、すんごいチビ。小学生かと思っちゃった！」

内心は一瞬ドキッとした彼でしたが、さとられないよう何の気ないふうをよそおいながら、別の話をしようとしました。しかし、彼女はそんな彼に追い討ちをかけるように「びっくりしたね、あのチビには。あんなにチビだとたいへんだよね」などと「チビ」という言葉を連発します。

（どうしてこうも、「チビ」を連発するんだろう。彼女はボクをからかうつもりでわざと「チビチビ」いってるんだろうか。いやまさかそんなはずはない。きっとボクの考えすぎだ。気にするのはよそう……）

しかし、彼が気を取り直そうとするそばから、彼女はグサグサと言葉の刃をつきつけてきます。

……チビの人の家系って、みんなチビなのかしら？　チビって遺伝するの？　それとも、小さいころにたくさんごはんを食べなかったからちゃんと育たなかったのかしら。男の人にとって、チビっていうのはけっこう致命傷よねえ……

せっかくのデートだというのに、彼はぐったりしてしまいました。気にするを通り越して、不愉快な気持ちが心をおおいます。

そんな彼の意気消沈ぶりを無視して、彼女は得意げにお弁当を広げています。でも、とても食欲などわいてくる精神状態ではありません。彼はお弁当をほとんど食べないまま、デートを早々に切りあげて家に帰ることにしました。

さて、これに憤慨したのは彼女のほうです。

「何よ。せっかく早起きしてお弁当つくってきてあげたのに、ほとんど食べずに終始ムスッとしちゃって。いったいどういうつもりなのかしら。『チビって致命傷よね』っていったのが気にさわったのかな。ったくもう、そんなことくらいで……。気持ちまでちっちゃいヤツなんだから」

一方、彼のほうは時間が経つにつれてますます腹が立ってきました。

「人が気にしていることを無神経にズケズケいいやがって。かわいいからって、何をいってもいいってもんじゃないぞ。人の神経を逆なでするようなことして。人をコケにするのもいいかげんにしろ……」

くすぶりは残っていたものの、ふたりはまた三日後に会う約束をしました。彼女のほうは、三日前のことなんて相手はすっかり忘れているに違いないと思いながら、ふたたびお弁当をつくって彼のご機嫌をとろうと考えています。しかし、彼の気持ちはまだまだ不愉快の渦中にありました。いえ、むしろ三日前よりも不愉快さが大きくなっています。彼女の無神経さに腹を立てているということもありますが、それ以上に、自分の気持ちを無視されたような気がして、悲しい気分になっていたのです。もっと人の痛みをわかってほしいなぁ、と思っていたのです。

さあ、第二ラウンド。

口火を切ったのは彼女のほうでした。

「ねえ、この前はどうしてご機嫌ななめだったの？　お弁当、おいしくなかった？　今度はね、サンドイッチじゃなくておにぎりにしたんだ。ほら、こーんなに大きいおにぎり。たくさんつくってきたから、いっぱい食べてね」

とうとう、彼のなかで何かがプチッと切れました。彼の機嫌をとるつもりで甘えた声を出した彼女でしたが、彼からは想像だにしない反応が返ってきました。

「なんだよ！　デカいおにぎりをたくさん食べて大きくなれってか！　今日もイヤミから始めるのかよ。この前もチビだとか育たないだとかさんざんヒドイことといいやがって。

キミはボクをバカにしたいのか。チビが致命傷で悪かったな！」

思いも寄らない彼からの反撃に最初は驚いた彼女でしたが、ひるむことなくやり返します。

「そっちこそ何よ！　こっちがせっかくお弁当つくってきてやったのに、そんなふうにとるなんて。それに三日も前のことをまだ気にしてるなんて、バッカじゃないの。心もチビってわけ？　ほんと、心が小さいんだから！」

「ああ、心がせまくて悪かったね。キミみたいにイヤミなオンナ、こっちから願い下げだよ。もう二度と顔も見たくないね！」

こうしてふたりは別れ、その後デートすることはありませんでした。

彼は気にしているところをグサグサとやられた上、それが原因で言い争ったという自己嫌悪も重なって、その後もひどく落ち込みました。女性不信にならないまでも、しばらくは怖くて女性とデートする気にはなりませんでした。

ところが、彼女のほうはというと、あっけらかんとしてまったく反省の色がありません。彼の痛いところを突きまくってしまったという罪の意識など皆無です。それどころか、心のせまい男にひどい仕打ちを受けた、せっかくの好意を拒絶されたと、被害者意識でいっぱいです。誰かにそれを聞いてもらいたくて、せっせと友だちに電話をかけています。

「聞いてよ。あいつったら、私がせっかく早起きしてお弁当つくってあげたのに、喜ぶどころかすごくフキゲンになったんだよ。一日中ずーっとムスッとしちゃってさ！」

「えーホント？　ひどいねえ。かわいそう。なんで彼はそんなにフキゲンになったの？」

「えー、わっかんない。なんかねえ、たまたま通りかかった背の低い人のことを見て私が『あの人ってチビだねえ』っていったら、急に怒っちゃったの」

「えー？　たったそれだけ？」

「でしょう？　別に私は彼のことを『チビ』っていったわけじゃないのに、まるで自分のことをいわれたみたいにヘソ曲げちゃったんだよ。で、次に会ったときもまーだ気にしてて、またその話を蒸し返してきたの」

「心のせまい男だねえ。じゃ、そんなヤツと早々に別れてよかったじゃない」

「ホントだよね。今度はもっと背の高いオトコとつきあおうっと」

◆「ツモリさえなければ、許されるはず」という大誤解

わかりやすいケースを少々極端に紹介しましたが、因果関係が理解できないというのは、いってみれば「どうして相手がそのような反応を示したのかを推して知ることができない」ということです。「相手をそんな気持ちにさせた原因」と「そんな気持ちにさせたせいで起きた結果」を結びつける感覚がニブいのです。

ここで登場した彼女の例でいえば、「彼はどうして不機嫌になったのか」を理解する能力がないということです。「彼が不機嫌になって、しまいには怒ってしまった」という結果を生むことになった原因が、「自分が彼の気にしていることをズケズケいって、気持ちを傷つけてしまったこと」だということを、きちんと把握することができないのです。

一般的に、このように他人の怒りや痛みを理解する感受性が乏しいことを無神経といいますが、彼氏ができてもうまくいかない、恋愛関係が長続きしないという女性には、この無神経による失敗を繰り返している人がとても多いのです。

女性が傷つくネタと男性が傷つくネタは違います。したがって、「この程度のことで神

経質になるほうがおかしい」「自分ならこんなことでは傷つかない」あるいは「本当のことをいってるだけなんだから、悪いことではないはず」と考えるのは正しくありません。

また、女性は外見的にキレイにしてかわいこぶりっこしていれば、どんな失礼な発言もなんとなく許されてしまうような雰囲気が一般的に強いので、無神経なことを男性にいったとしても、それほどとがめられることはありません。「ちょっとキツイけど、それもまたカワイイよな」ですんでしまうのです。

本人も、「別に思ったことをいっているだけで悪気はないし、相手を傷つけるツモリはないもの。多少キツイことをいったって、そのくらいはカワイイもんでしょ」くらいに思っています。「相手を傷つけるツモリ」という悪気さえなければ、なんでも許されるはずだと考えているのです。

しかし、たとえ傷つける〝ツモリ〟がなくとも、あるいは本当のことをいっているにしても、相手の心を傷つけたということには変わりありません。人の気持ちを傷つけてそれに気づかないような人間にまともな恋愛などできるはずがありません。

このようなタイプの人は、恋愛関係のみならず友人関係でも同じようなことをしていると考えられますが、友人は恋人よりも簡単に取り替えがきいて数も多いので、恋人の場合のような仲違いが表面化しにくいのです。

しかし実際は表面化しにくいだけで、着実に友だちが離れていって、気がつけば「ジコチュウでワガママな人」として周囲からおきざりにされている可能性はきわめて高いといえます。

◆「見捨てられるかも」という恐怖が、因果関係をわからなくさせる

それでは、なぜこのように「因果関係の理解できない」無神経な人間になってしまうのでしょうか。なぜ、人の気持ちや痛みのわからない、自己中心的な性格ができあがってしまうのでしょうか。

いろいろ原因はありますが、そのうちのひとつに、「自分が見捨てられるかもしれない」という恐怖が考えられます。この見捨てられ恐怖があると、人の心の痛みをおもんぱかる余裕などまったくなくなります。自分の身を守るのに夢中で、相手の立場や事情や都合を尊重できなくなるのです。その結果、はた目には、自己中心的で無神経な人に見えることがあります。ですから、見捨てられ恐怖がなくなれば、次第に人を尊重できるようになり

ます。根っからの無神経な人ではないからです。

この見捨てられ恐怖の強い人は、もともと心の動きに敏感な人ですから、相手に気を遣うことは得意です。しかし、肝心なところで自己保身が顔を出してしまい、結果として相手の都合を無視したり、相手の心の痛みを無視することになるのです。

こういう人が恋愛をすると、ストーカーになる危険性もあります。見捨てられ恐怖が強いということは、それだけ相手に対する執着心や独占欲が強いということだからです。

しかし、当の本人は自分のことを「情熱的で恋愛が大好きな人」だと信じて疑わず、まさか自分が「世間を騒がすストーカー予備軍」だとはゆめゆめ思いもしません。

次に紹介する女性も、自称「恋愛至上主義者」なのですが、一歩間違えれば「ちょっとストーカーの入ったヘンな人」になってしまう危険性をはらんでいます。広告代理店でバリバリ働くキャリアウーマンで、明るくて世話好きな、誰とも仲良くなれる人気者的な存在の女性……のはずなんですが。

「自分でいうのもなんですけど、先生、私ね、恋愛が大好きなんですよ。相手から愛されるっていうより、相手を好きになるほうが好きなんです。好きになった男の子に〝あなたのことが好き〃って、どんどん押していくのがすごく楽しいんです」

「すごいね」

「〃この人ステキ！〃っていう相手に出会ったら、猛アプローチですね。たとえカノジョがいたって、ちょっとでも可能性がありそうならがんばっちゃいます！」

「ひゃー、すごいね！　でも、向こうがキミに気がないという場合はあきらめるんでしょ？」

「いやぁ、そうでもないですよ。一％でも可能性があれば、九十九％『うざい』と思われててもアタックしちゃいますね。嫌われたらどうしようなんて、その時はまったく考えないです」

「それでうまくいったことはあるの？」

「あはははは。なんとかつきあいが始まる場合もあるけど、すぐに別れが来ます」

「フラれるのとフルのと、どっちが多い？」

「半々くらいかなぁ……、いや、フラれることのほうが多いかな」

「落ち込むの？」

「はい。でも、基本的にはめげないです、私。フラれた相手とその後友だちになっちゃうくらい、仲良くなろうってがんばります」

「ふーん、しかしそれほど恋愛に積極的なのに、どうして彼氏と長続きしないのかな」

「『今度は大丈夫かな』って思うときもあるんですけどねえ……出会ったときの盛り上がりがすぐになくなっちゃって、だんだんと一緒にいてもシラケてくるんですよ。これまでの最長記録が三カ月と九日ですね。平均して、だいたい一カ月程度です」

「キミ自身、本当はさして好きでもないのに、ムリに恋愛気分を盛り上げようとしたりしているんじゃないだろうね？」

「……うーむ。それはなかなかスルドイ指摘かもしれないですね。たしかに、もう三十一歳にもなるのに、〝恋に恋している〟ようなフシがあります。それに、私が好きになるオトコって、どうしようもないのばっかかなんですよ」

「どうしようもない、というと？」

「もう三十代も半ばをすぎたのに定職についていないとか、ケンカっぱやくて、いつも誰かとケンカしてるとか、友だちがぜんぜんいなくて異常にシャイとか、返済できないほど借金している借金王とか……」

「……キミ自身は、バリバリ働いて高給取りなんだよね？」

「はい、普通のOLさんの倍くらいもらってますね。あー、これはきっと家系ですね。うちは代々女系なんですよ。オンナがしっかりして家を仕切ってて、オトコはフーテンのように夢ばかり追ってるんです。うちの母なんてきっちり女社長やってるってのに、父は相変わらず趣味みたいな、一銭にもならない事業ばっかやって借金まみれです」

「そういえば、キミのお母さんはお弁当屋さんを経営しているんだったね。お父さんも一緒にやっているんだと思ってたけど、違うの？」

「一緒にやってたときもあるんだけど、父は飽きっぽいらしくて、すぐに別の仕事を始めようとするんですよ。ゲームソフトの会社をやってたこともあったし、ラーメン屋をやってたこともありました」

「でも、ことごとく失敗してるんだね」

「そうなんです。でも、うちの父はまったく懲りないタチみたいで、失敗してもあっけらかんとしてて、今なんて『次は旅行代理店をやるぞ』とかいってます。長年の夢だったんですって、旅行を企画する仕事が。まあ、たぶん思いつきでいってるんだと思いますけど」

「お母さんは、なんていってるの？」

「うーん、そうですねえ……。見守っているんだか、見捨てているんだか、軽蔑しているんだか、わかんないですね。借金の後始末とかはしぶしぶしてるみたいですけどね。『子どもができれば少しは変わってくれるかなと思ってたけど、お父さんはぜんぜん変わってくれなかった。ホラと借金ばかりでさ』って、あきれてました。

うちは父が典型的な夢追うロマンチストで、母はそろばん勘定の得意な超現実主義者なんですよ。母は家のことも子どものこともすべて自分の力でこなせるスーパーウーマンで、実際のところ、うちでは父親はいてもいなくてもいいような存在なんです。進学とか何か相談事がある場合も、全部母に相談してました。だいたい、父はいつも自分のことしか頭にないみたいで、周りが見えないんです。自分にしか興味ないようで、私が幼いころもほとんど遊んでくれませんでした。『パパ遊んでー』って甘えても、無視って感じ。いつもは私なんか眼中にないくせに、自分の仕事がうまくいかなかったりすると私にすりよってきて、『お子ちゃま』みたいに甘えてくるんです」

「えっ？　お父さんがキミに甘えてくるの？」

「そうなんですよ。きっと、母には怒られてばっかりでとりつくしまもないんでしょう。娘の私なら自分をむげに拒否しないだろうって、頼りにしてくるんでしょうね。私も、なんとなく自分は父親のいい理解者になれるような気がするし……」

「仕事ではお母さんのようにちゃきちゃきタイプなのに、お父さんには弱いんだね」

「私は、仕事的には母親似かもしれませんけれど、恋愛大好きという点でいえば、父親のロマンを受け継いだのかもしれないです。父は一銭にもならない夢を追い求めてばかりだし、私は未来に希望のない恋人を好きになってばかりいるんですから……」

「でも、いつまでも『最長記録が三月と九日』ではイヤなんでしょう？　いずれはいいパートナーを見つけて幸せになりたいと思っているんでしょう？」

「理想としてはそうですね。でも、私、オトコの人に頼りにされたりすると、すぐに手をさしのべてあげたくなっちゃうんですよ。とくに、ちょっと不器用な生き方をしている人にはホント、弱いんです。守ってあげたくなっちゃうっていうか、面倒を見てあげずにはいられなくなっちゃうんです。こう見えて、けっこう尽くすのが大好きな世話女房タイプなんですよ」

「だけど、尽くしてもすぐに別れちゃうんだったらまったくの徒労でしょう。もっと実りのある恋愛をしたほうがいいんじゃないの？」

「頭ではそう思うんですけど、どうしてもカラダがいうことをきかないんですよねえ。誰かを好きになるのって、そういうもんでしょう？　恋愛って、そういう矛盾に苦しんだりするものじゃないですか。先生のところに来るほかの女性も、みんなそういうところがありませんか？」

「いや、そんなことはないよ。みんな一生懸命幸せになろうとしてがんばっているけど」

「でも、なかなか幸せになれない『イタキモ（痛い＆気持ちいい）』な部分も含めて、恋愛ってステキだなと思うんだけど……」

「恋愛ってステキ」と本当に感じていて、本当に満ち足りた気持ちでいるのなら、こんなふうにグチりながら私のところに相談に訪れることはないはずです。おそらく、実際の自分の状況と、こうなりたいと考えている理想の自分とが一致せず、本当のところ自分はどうしたいのかわからなくなってしまっているのでしょう。

それにしても、彼女の話を聞いていると、ほとんど自分しか見えていない、一人よがりな印象を受けます。「誰かを好きになるのが大好き」というのも、彼女自身がいったように、「恋に恋している」一人芝居的なものでしかありません。誰かを心から愛することに悦びを感じているというわけではないようです。

それに、「九十九％成功の見込みがなくても残りの一％にかけて勝負に出る」というのも、強い執着心のあらわれです。相手の迷惑などかえりみず、自分の欲望を満たすことしか考えない、まさにさきほど説明した「因果関係を理解できない人」の典型です。

おそらく彼女は、どうして自分が相手に受け容れてもらえないのかなど考えたこともないのでしょう。

「ややオトコ運にめぐまれないきらいはあるものの、一見明るく社交的で、好きな人にはガンガン当たってくだけるパワフルな女性……」という印象をもてなくもない彼女ですが、ウラを返せば、恋愛の空気を読み取るカンのニブい、自己中心的な女性ということになってしまいます。

しかし、これは何も彼女自身の責任ではありません。彼女としては、ただ一生懸命に誰かを好きになろうとしているだけなのです。彼女の心のなかに長年にわたってインプットされた「あやまった世界観」が、そうさせているのです。

「どうしようもないオトコ」ばかりを好きになってしまうという恋愛傾向も含めて、彼女の恋愛行動のウラ事情を探ってみましょう。

◆父親と悪いところが似ている男性を好きになってしまう

一般的に、女性は自分の父親とよく似た男性を好きになる傾向があります。これは、顔や雰囲気が似ているという場合もありますが、たいていは父親とよく似た性格や性癖をもつ男性に魅力を感じる、ということです。

たとえば、深い愛情を子どもに注げる男性を父親にもった女性は、父親と同じように自分に安心感や信頼感を与えてくれる男性を好きになります。父親の性格の「よいところ」が似ている男性に魅力を感じ、結婚したくなるのです。

これとは対照的に、愛情も安心も与えられない父親をもった場合も、父親の不安定な部分、つまり精神的に弱い部分に魅力を感じて好きになってしまうことが多いのです。お酒を飲んでは暴力をふるう、浮気を繰り返す、ギャンブルがやめられないなどが典型的な例で、嫌悪しつつも、そんなお父さんを好きになろうとしてしまうのです。その結果、嫌いを好きと勘違いして、父親の「悪いところ」が似ている男性を恋人に選んでしまうのです。

この彼女も、「借金続きのビジネスギャンブル」にハマる父親の「お子さま的な弱さ」

という悪い部分に魅力を感じるようになってしまっていて、同じような弱さをもった男性ばかりを選んでいるようです。そして、精神的に弱い男性に甘えられたり頼りにされたりすると、うれしくなって、一気に恋に落ちてしまうのです。

私は、このような恋愛心理をつくり出す心理を「家庭内ストックホルムシンドローム（略してＤＳＳ：Domestic Stockholm Syndrome）」と呼んでいます。

どうしてこのように名づけたのか、簡単に説明しましょう。

「ストックホルムシンドローム」とは、「人質が犯人を好きになってしまう」という現象のことです。一九七三年にストックホルムで実際に起きた事件から命名されたものです。銀行強盗が発生し、立てこもった犯人たちに人質にされた客が、なんとみずから進んで犯人に協力したり、愛するようになってしまったという不思議な現象です。

なぜこのような現象が起きたのでしょうか？

じつは、人間は命の危険にさらされるような事態に直面したとき、自分の命を危険にさらしている相手に抵抗したり憎んだりするよりも、相手を好きになってしまったほうが生き残る確率が高いということを、無意識に悟ってしまうのです。

これは、意識的に計算して芝居をするのとは違います。まったくの無意識です。そのため、本気で相手に協力したり好意を寄せ、表面上はすっかりその気になります。「敵を欺くにはまず味方から」の言葉のごとく、敵をだますために、自分で自分をだますのです。

人は自分を生かすためなら、緊急避難的に自分自身が本来もつ感情をもねじ曲げてしまいます。「好き・嫌い」「快・不快」という人間にとって基本的な感覚を麻痺させて、「肉体のいのち」を優先させるために「心のいのち」を殺すことをしてしまうのです。

先に説明した「父親の悪いところを好きになる」というのも、じつは、このストックホルムシンドロームと同じ心理が働いているのです。

子どもは、親の庇護がなければ生きていけないという意味においては、人質と同じ弱者です。一方、子どもを庇護し守る力があるという意味において、親は強者に当たります。たとえ親がどんなに極悪非道な人間であっても、見捨てられることを恐れて好きになろうとします。そして愛されようとします。家庭はあたかも、「『親という強盗』が『子どもという人質』の命を脅かして立てこもる場所」になってしまうのです。

しかも、一度欺いた感情はそう簡単に修復することができません。

ここで紹介した彼女の例でいえば、本心では「お父さんに一緒に遊んでもらいたかった。でも遊んでくれずに私を無視したお父さんなんてキライ」と思っているはずなのに、父親から見捨てられたくない、愛したいという欲求のために、「お父さんは私が悪い子だから無視して遊んでくれなかったんだ。お父さんの望むいい子になれば愛されるはずだ」という巧妙な言い訳をしてしまうのです。

その結果、家庭もかえりみず自分の好きなことだけを優先し、借金ばかりをつくって家族に迷惑をかける父親の悪い部分を、「愛すべきもの」として愛するようになってしまうのです。「イヤだ＝不快」な感情を、「好きだ＝快い」感情と置き換えてしまうのです。

その結果、父親と同じような悪い部分をもった男性を見ると、「あっ、私の好きな人がいる」と思うようになってしまうのです。

本当はゴキブリなんて大嫌いなのに、無意識に「ゴキブリは気持ちがよくて大好きなもの」と自分に言い聞かせた結果、ゴキブリを見ると「気持ちがよくて大好きなものがいる！」とウキウキするようになってしまったのです。

DSSが発生している家庭に育つと、父親とよく似た悪さをもつ男性を見つけたとたんにドキドキ、ワクワクして、一気に恋に落ちます。本当は、自分を愛することのできない相手と出くわしてしまったのですが、「彼こそがホンモノだわ。これこそが恋のときめきなんだわ！」「これこそ運命的出会いよ！」とカン違いし、つっぱしってしまうのです。

◆なぜか不倫ばかりしてしまう、「恋愛の放浪者」

次に紹介する女性は、妻子もちあるいは妻帯者ばかりを好きになってしまう、いわゆる不倫常習者です。もっとも、つきあった男性のなかに独身者がまったくいないというわけでもないようですが、本気で好きになる相手のほとんどは、家庭のある既婚男性ばかりなのだそうです。

彼女はデザイン事務所に勤務する二十九歳の女性で、小柄で、あどけなさを残した顔だちとはうらはらに、とても落ち着いた話し方をするのが印象的です。頭がよくてソツがなく、何ごとにも手抜かりのない優等生タイプという感じも受けます。

「自分でいうのもちょっとはずかしいんですけど、男性経験の数だけはけっこう豊富なんです。自分ではちゃんと相手を選んでるツモリで、決して『誰とでも寝る』なんてことはしてないツモリなんですけど、結婚している男性と恋愛することが多いせいか、浅くて短い恋愛を数珠つなぎにしているような感じなんですよね。だから、オトコの人とつきあっても、いつも恋人がいないような、一人ぼっちみたいな感覚なんです」

「浅く短くしかつきあわないから、相手をよく知ることができないんだね。相手のことをよく知らないうちに関係が終わってしまうから、『いったい自分は誰とつきあっていたんだろう、まるで誰ともつきあっていなかったみたいだ』というむなしい感覚しか得られないんでしょう」

「相手に奥さんとか子どもがいると、やっぱり『本気でつきあうのはムリだな。いずれは別れなくちゃならないだろうな』って思っちゃいますよね。もちろん、相手に家庭があることは承知の上で関係をもつわけですから、そもそも結婚している人とつきあわなければいいんでしょうけど……。でも、どうしても結婚している人にばかり魅力を感じてしまうんですよ」

「どうして結婚している人にばかり魅力を感じるのかな？」

「話をしていて、なんとなく安心感があるんです。余裕があるっていうか……。結婚している男の人って、たいていは自分よりも年上なんですけど、やっぱりそれだけ人生経験も豊富で落ち着いているし、同い年とか年下にはない、大人の包容力のようなものを感じるんです」

「うーん……、しかし、相手が本当に豊かで包容力があって、そういうところに魅力を感じて好きになるなら、どうして簡単に別れてしまうんだろうね。いや、別に一人の男性と長い期間不倫することをすすめているわけじゃないんだけど、簡単に別れられてしまうというのは、相手の魅力よりも欠点のほうが勝ってしまうからでしょう?」

「そうですね。ありのままの私をまるごと受け止めて、見守ってほしいんですけど、満たされません」

「ことごとく期待が裏切られてしまうんだね」

「ちょっと悔しいですけど、その通りですね。私のそういう身勝手な願いをうっとうしく思って距離をおいていった人もいますし、きっぱり『離婚なんて絶対にない』といいつつ別れるのはいやだといわれて私のほうから離れた人もいました。そんなふうに期待が裏切られるたびに傷ついて、過食症になったりじんましんになったりして、心も体も疲れきってましたね」

◆「恋人探し」をしているツモリが、実際には「父親探し」をしている

「父親にしてほしかったのにしてもらえなかった」ということが多いと不倫をしてしまうことが多くなります。恋人を探しているつもりが、父性愛探しをしてしまうのです。

女性にとって、父性愛は欠かすことのできない重要なものです。女性には「父親から性を超えた聖なる愛をもらいたい」という欲求があるため、子どもの頃に父性愛を得られなかった場合、大人になってもなんとかして手に入れようと考えるのです。

しかし、実の父からもらえなかった「父なる愛」を求めようとすれば、必然的に家庭をもった父親、あるいは夫という立場にいる男性に近づくことになります。その結果、不倫をすることになるのです。幼い頃の思い残し、つまり父性愛がほしかったのにもらえなかったことが女性を不倫に向かわせるのです。要するに「思い残し」をしていると「父性愛探し」という要素が加わり、「異性を求める＋父性愛探し＝不倫」となるのです。

「そんなに父性愛がほしいんだったら、たっぷりと父性愛をもちあわせた男性を探して、お父さんの代わりをしてもらえばいいじゃないか。父性愛を求めていながら、どうして男

女の関係になってしまうんだ？」

という疑問をもつ人もいるかもしれません。原理的にはその通りですが、現実はなかなか理屈通りにいかないのが、思い残しのやっかいなところです。

「自分は思い残しをしている。父性愛が必要だ」とはっきり意識して、前向きに父性愛の調達に取り組むことができるならば、思い残しを解消することも可能です。しかし、先に解説したDSS同様、この思い残しも、まったくの無意識に働く心理です。「自分は父性愛が不足しているから恋愛がうまくいかない」と自覚すること自体むずかしいのです。

しかも、「思い残し」にDSSを併発していると、自分の父親とよく似た、すなわち父性的愛の欠如した男性を不倫相手に選んでしまいます。そのため、「不倫までして父性愛探しをしているのに、いつまでたっても父性愛を手に入れることができない」という結果になるのです。

◆満たされない母親が、娘の恋愛の邪魔をする

「思い残し……ですか。考えてもみませんでした。父親が家に帰ってこないとか、虐待す

るとか、そういうのだったら〝悪い親〟ってきっぱりいい切ることができるけど、ほめてほしかった、励ましてほしかったっていう願いをかなえてもらえなくたって、「なんだ、その程度のことか」っていう感覚ですよね。でも、棒で殴ってアザをつけるか、つねってアザをつけるかの違いであって、〝子どもを傷つける〟っていう意味においては同じことなのかもしれませんね」

「そうだね。子どものころのトラウマっていうのは、虐待されたとかレイプされたっていうような『されたこと』が原因で生じるものが多いんだけど、思い残しのように、『してもらえなかったこと＝されなかったこと』が原因で生まれるトラウマっていうのは、すごくわかりにくいんだ。『されなかったこと』というのは、なかなか意識できないからね。

たとえば、励ますとか、共感してあげるっていうことは、『よかったね、うれしいね、おいしいね、がんばったね』っていうこと、長くてもわずか三秒程度。でもこれが何よりの応援になるんだよね。だけど、これができない親が、すごく増えているんだ」

「なぜ、こんな当たり前のことができないんでしょう？」

「心が満たされない不幸な親はイライラしているからできないんだ。まあ心が満たされないっていうことは、イコール夫婦仲がうまくいっていないということになるんだけどね」

「なるほど……。そういえば、ウチは私と姉と母と、いつも三人つるんで父の悪口で盛り上がってて、家のなかでは完全に〝父親vs母娘〟っていう図式ができあがってました。『そんなにイヤなら、どうしてお父さんと結婚したんだろう』って、すごく不思議でしたもんね」

「夫に愛されていない女性は、たいていの場合、子どもを味方につけて夫である父親を排除しようとするものなんだ。子どもに父親を敵だと思わせて、自分に有利な状況をつくろうとするんだね。幼い子どもにしてみれば、そういう母親を支持せざるを得ない。その結果、父親から遠ざかることになって、ますます父性愛をもらいにくくなるんだ」

「母娘の関係って、妙に強いところがありますもんね」

「だけど、満たされなくてイライラしている母親が、子どもに共感してあげられるわけがない。だから、子どもは『父性愛はもらえないわ、母に共感もしてもらえないわ』というすごく不幸な状況に置かれることになるんだ。だから、心のなかにぽっかり穴があいたような、どことなくむなしい気持ちになるんだ」

「そっか……。不倫ばかりでちっとも長続きしない、『恋人』と呼べる人のいない自分のことをむなしいって思ってたんですけど、もしかするとこのむなしさって、そういう親子関係から生まれたむなしさがもとになっているのかもしれないんですね」

人は誰しも、多かれ少なかれ、思い残しをもつものです。思い残しをもたない人はいません。「これをしてほしかったのに、してもらえなかった」「これがほしかったのに、与えてもらえなかった」というような親に対する不満のひとつや二つは、誰だってあるものです。満たされない思いを埋めようと、人は友を求め、恋愛を求めるのです。自分のもっていないものを人に補ってもらい、自分のもっているもので人を補ってあげる、そんなふうにして友情や愛情が培われ、人は豊かになっていくのです。

問題は、ある限度を超えて思い残しをしている場合です。ただし、その「ある限度」というのも人によってまちまちです。

「信頼しあえるパートナーがほしいと心から願っているのに、どうしてもつくることができない」ことを真剣に悩んでいるのであれば、その原因として、この思い残しや、あるいは前に解説したＤＳＳが発生していないかなど、家庭背景を見つめ直す必要があります。

第3章

そもそも恋愛って、どういうもの？

◆「好きな人」とは、自分に心地よさや安心感を与えてくれる人

彼氏をつくるための具体的な対策を考える前に、本当の恋愛とはいったいどういうものなのか、ということについて考えてみましょう。

恋愛とは、本来、単純なもので、自分の好きな人とさえすれば、うまくいきます。もちろん、結婚も、望んだとおりの人生になります。「こたつでみかん」に象徴されるような、家族の団欒が得られます。

なぜ、好きな人と恋愛をするとうまくいくのでしょうか。

それは、「好きな人」とは、自分に心地よさや安心感を与えてくれる人のことだからです。つまり、私たちは自分に安心や気持ちよさを提供してくれる人を「好きだ」と称しているのです。当然のことながら、自分に安心や気持ちよさを提供してくれる人と一緒にいれば、楽しい人生になります。

好きな人と一緒にいれば多少のいさかいやケンカというマイナスがあったとしても、そ

れを上回る安心感や楽しさというプラスがあります。トータルでプラスだから、明日も一緒にいたいと思うのです。私たちは、無意識ですが、こういう計算をきちんとしながら毎日を生きているのです。

人は誰でも完璧ではありませんので、多少のゆがみや欠点があります。一緒に暮らしたり、デートをすれば、当然、マイナス、つまり不快感を感じる場面も出てきます。しかし、マイナスの総量よりもプラスの総量が上回っている人のことを私たちは「好きな人」と認知しているのです。ですから、原理的には、好きな人とさえつきあえば、ひとりでに人生が楽しくなるはずです。もちろん、友情も恋愛も、どちらもうまくいきます。

◆人を愛することは自然の法則と同じ

人が人を好きになるのは、ごく自然なことです。愛することは自然の法則そのものです。水が高いところから低いところへ流れるようなものです。

互いに悦びを与え合うこと、その悦びを分かち合うこと、そして、相手の心の痛みをおもんぱかり、相手に幸せになってほしい、相手に気持ちよくあってほしいと気遣う姿こそ、人間本来の姿であり、自然の法則そのものです。

ありがたいことに、自然なことをすると、悦びが得られるように私たちの心はできています。自然なことは気持ちいいのです。逆に、不自然な行動をすると、不快な気分になります。だから、おのずと不自然なことをしなくなるのです。

恋愛も同じで、自然の法則に逆らったことさえしなければうまくいきます。多少不愉快なできごとがあっても、互いが互いを尊重しあっている限り、ベクトルは必ず幸福な方を向くからです。

もし、恋愛や友情がうまくいかないとしたら、それは、不自然なことをしているからです。

自分はそんな不自然な行動をしていない！　と反論されそうですが、人は、知らずに不自然なことをしていることが非常に多いのです。意外に思うかもしれませんが、良かれと思って不自然なことをしていることが多々あるのです。たとえば、一章で解説したような見返りを期待した行動というのは、不自然な行動の筆頭にあげられるものです。見返り（私を見捨てないでね、とか、私を忘れないでねという見返り）を期待した行為は、本来の人間の行動ではありません。

◆不自然なことをするから恋愛がうまくいかなくなる

見返りを期待した行動のどこがいけないのでしょうか。

それは、見返りを期待して行動すると、人は必ず過剰な期待をしてしまうからです。そのために、自分ばかりが犠牲になっているように感じられて不公平感をいだいたり、自分の努力を正当に評価してくれないとか自分の気持ちをわかってくれないと、不満を抱くようになるのです。この不満がクセモノで、こちらの不満という「怒り」がしっかり相手に伝わってしまうのです。本人は、「期待を裏切られてガッカリしただけだ」「努力を正当に評価してくれなくて残念だ」と思っただけ、と思っていますが、さにあらず。実は、その時、体から「不満のサイン」が発信されているのです。知らぬは本人ばかりなり、なのです。

この不満のサインというのは、意外に相手に届くのです。不満のサインを受け取って気分良くなる人はいませんから、次第に疎遠になってきます。人はものをいわずとも、こうした体から出るサインで人間関係がギクシャクすることがよくあるのです。不満のサインというのは、相手を「拒否するサイン」でもあるのです。なかなか友だちができにくい人、なかなか恋人ができにくい人、というのは、知らないうちに、こうした「拒絶のサイン」を出している場合が非常に多いのです。「拒絶のサイン」を出していると、あなたが相当な美人でも、いい男は決して近づいてはきません。あなたの体だけを求めてくるダメ男だけが、うるさいハエのように寄ってくるだけです。「いい男にモテなくて、へんな男ばかりが寄ってくる」人は、このタイプである可能性が高いのです。

こういう現実を知らずして、どんなに一生懸命努力しても、その努力が実ることはありません。なぜなら、「拒絶のサイン」というのは、「あなたと仲良くしたくありませんサイン」「私はあなたに心を開きたくありませんサイン」でもあるからです。あなたと仲良くなりたくない、というサインを出しながら、相手に気に入られようとプレゼントなどをしても、相手からすれば薄気味悪いだけです。

また、本人に自覚がなければ、どんなに反省しても自分の不自然な行動に気がつきません。もっと高価なプレゼントをすれば良かったのかなと、ますます不自然な思考をして行動したのでは、ますます相手を困惑させるだけです。当の本人は、意識では逆に、いいことをしているつもりになっているのです。それゆえ、自分の不自然な行動にはなかなか気がつかないのです。気がつかないので、その後も、ずっと不自然なことをやり続けてしまいます。

努力が実らないのは、努力が足りないからではなく、気がつかずに不自然なことをしているることが非常に多いからなのです。

人が悩むのは、努力が実らない時です。悩むことは幸せになるための重要な第一歩です。なお、ここで言う不自然な行動というのは、自然の法則に逆らう行動のことです。個人的なゆがみや欠点や弱点のことではありません。

◆人間不信や自己不信、そして自己卑下があっても恋愛はうまくいかない

自分のことを本気で愛してくれる人なんているはずがない、とか、自分の親よりも自分を愛してくれる人なんているはずがない、自分は何をやってもダメだ、というような人間不信、自己不信、そして自己卑下、つまりいじけた発想ですね、これらがあると、愛を向けられても、素直に受け取れなくなります。イヤミに見えるので、どうしてもそれが愛だと思えないからです。愛は、素直な心がないと受け取れないのです。

プレゼントをもらっても、相手の熱い思いを受け取れず、すぐに「相手は何を私に要求しているんだろう?」「下心があるのではないか?」「すぐ、何か、お返しをしなくっちゃ……」などと考える人は、ギブアンドテイクの発想が強すぎる人です。人間不信の一種ですが、こういう人は恋愛はうまくいきません。なぜなら、友情や恋愛は、ギブアンドテイクのやり方によって心の絆を形成することができないからです。互いの関係も深まりません。ギブアンドテイクでは人間関係は発展しないのです。

本来、恋愛は、互いが互いの幸福を願い合う行為です。これが人間として自然な行為です。ギブアンドテイクと似ていますが、まったく違います。似て非なるものの典型です。

恋愛にギブアンドテイクが通用しないのに、ギブアンドテイクの発想を持ち込むと、必ず期待はずれに終わります。いつも自分の方が相手に奉仕しているように感じられるからです。互いに、不公平だ、裏切られた、と感じるので、話し合いをしても決裂します。二人の関係も決裂します。

人は自然に逆らったことをしては、人と心の絆を形成することはできません。人が人を愛する行為というのは、もっとも自然な行為だからです。

私たちの体は、地殻の成分とよく似ています。地球を構成する鉱物の成分と似ているのです。私たちの体は、自然界の法則と同じ法則で動いています。心も同じです。ですから、自然の法則に逆らったことをしていたのでは、恋愛はうまくいきません。たとえ結婚できたとしても、独身の時よりもさみしくかつ不幸になります。ですから、人生のできるだけ早い時期に、自分がしている不自然な行動に気づき、一刻も早く正す必要があるのです。

◆不安と不快を与える人を「嫌いな人」と称する

さきほど、自分に心地よさや安心感を与えてくれる人のことを「好きな人」と称する、と申し上げましたが、逆に、自分に不安や不快感を与える人（緊張や困惑を与える人も含みます）のことを「嫌いな人」と、私たちは称しています。自分の美学に合わない人や不自然な行動をする人、自分と同じ醜さ（不自然さ）をもった人、わけのわからないことをする人（たとえば、体から、あなたと仲良くなりたくありませんサインを出しているのに、高価なおみやげを買ってきて、私と友だちになってね、という見返りを期待する人）を見ると、私たちは不快に感じます。不自然な行為だからです。

何から何まで不自然なことをする人は珍しいですが、相手から感じたプラスなこと（安心と快感）の総量と、マイナスなこと（不安と不快）の総量を合計して、マイナスの方が大きいと、その人のことを「嫌いな人」として分類するのです。換言すると、時々は快や安心をもらうこともあるが、たいていは不快な思いをさせられることが多い、という人を嫌いな人と認定するのです。

ですから、こんな人と一緒にいても楽しいと感じることはありません。一緒にいればいるほど不愉快になる人です。もちろん、こんな人と結婚したら地獄です。一緒にいればいるほど不快感が増すのですから。

ところが、知らずに嫌いな人と一緒にいる人が意外と多いのです。その典型が、さきほどお話したＤＳＳです。他にもあります。

「そんなバカな！」。

いいえ、そんなバカなことをする人が、若い女性を中心に大勢いるのです。

◆「嫌いな人」を恋人にすることがある

では、なぜ嫌いな人と一緒にいるのでしょうか。それは、「好き」という感情を取り違えているからです。

実は、「好き」という感情には、ホンモノとニセモノがあるのです。人を明るく元気にするホンモノの「好き」と、あぶくのようにすぐに消えてしまうニセモノの「好き」です。

ホンモノの「好き」という感情は、相手といると安心感が得られ、なおかつ相手の幸せを心から願うことのできる気持ちのことですが、これに対し、ニセモノの「好き」とは、次の二つです。

（一）心の中では彼を密かに見下していて、その見下せる快感（＝優越感という快感）を恋をしている快感とカン違いして好きになっている場合

（二）彼にしがみつかれる（＝執着される）自分を快感に感じている場合。つまり、「独占され、執着される自分」が好きな場合（相手を好きなのではなく、しがみつかれている自分が好き）

ニセモノの好きとホンモノの好きを間違えるとたいへんなことになります。

ニセモノの好きという感情をホンモノと取り違えて「私が好きな人はこの人だ！」と思い込んで恋をすると、「彼のことは好きなんだけど、なぜか満たされない」「一緒にいたい

けど、一緒にいるとイライラする」という状態になります。デートしてもキスをしても、良かったのははじめの数回だけで、あとは低迷状態、となるのです。ニセモノの好きをホンモノとカン違いしてつきあっていると、必ずこうなります。

「出会った頃の、あの悦びをもう一度!」と夢見て努力しても実りません。「あの頃は、彼と会うたびに胸がときめいたのに、どうして?」と思います。心当たりがないので、納得できません。私に原因があるのか、彼に原因があるのか……と悩みます。一生懸命、努力もします。それでも、その努力は実らず、関係はどんどんギクシャクしていきます。一度ギクシャクし始めると、どんどん悪くなるものです。低迷した関係を一新しようと、長距離ドライブをしてみても、旅行にでかけてみても、感動的な映画を見ても、高級レストランで食事をしても、何をしても、出会った頃の悦びは戻りません。ニセモノとホンモノをカン違いすると、必ず、こういう結果になるのです。

「そんなバカな! 確かにあの時は、彼のことが好きだった。ドキドキするほど好きだった! ニセモノなはずがない!」と抗議の声が聞こえて来そうですが、あなたを幸せにしない、「ニセモノの好き」という感情を信じて恋愛をしていると、こういう結末になるのです。それも、過去のどの恋も、程度の差こそあれ、同じパターンで決裂しているのです。

さて、このニセモノ好きとホンモノ好きですが、見分けるのはむずかしいです。どちらも快感が得られる、という点では同じだからです。

一度でもホンモノを手に入れたら、「ああ、過去に感じたあの好きという感情はニセモノだったなぁ」としみじみ納得できます。逆にいえば、ホンモノの好きを体験するまでは、自分が感じてきた「好き」がニセモノだったとはどうしても思えないのです。人は体験したことしか理解できませんから、仕方のないことです。

もし、ニセモノとホンモノを見分けることができたら、あなたの恋は必ずうまくいきます。極論すれば、ニセモノの好きとホンモノの好きさえ見分けることができたら、もう恋愛に成功したようなものです。あとは素敵な人との出会いを待てばいいだけです。世の中とは不思議なもので、心の準備が整うと、自分にふさわしい男性が現れるものです。

もし、まだ現れないとしたら、それは、あなたがまだ「好き」という感情をカン違いしたままでいるからか、あるいは、自分の不自然な行動（見返りを期待した行動）に気がついていないからか、のいずれかです。

◆父親に対してひそかに恨みをもっている人も恋愛がうまくいかなくなる

人は異性の親の愛が不足しがちです。男性にとっては母親の愛、女性にとっては父親の愛が不足しがちです。

女性は、母性的な愛は、同性の友人からある程度は調達できます。友情を温めることで、母性愛を得ることができるのです。しかし、父性愛は、原則として実父からもらうことになります。原理的には、叔父や祖父、学校の先生や男性の先輩からでも調達は可能ですが、若い女性に対して、性を超えた聖なる愛を出しやすい人は父親です。娘にとって父親は「男であって男でない唯一の男」だからです。

それゆえ、幼少期から現在まで、父性愛をもらえなかった女性は、精神的飢餓感という不快感（不安や不満も含みます）を感じますので、不快を与えた父親を恨みますが、しかし、父親からはいまだに愛されたいと思っていますので、つまり、父親に愛されたいという弱みをもっていますので、父親以外の男性に対して怒りを向けてしまうことがあります。本来、実父に向けるべき怒りを、職場の男性や恋人に向けてしまうことがあるのです。

当の女性は、そんなことをしているツモリはまったくありません。でも、無意識に父に対する恨みを恋人や職場の男性に向けていることがよくあるのです。男性破壊願望といいます。

たとえば、父親から理不尽な八つ当たりをされながら育つと、職場で男性を見ると、無性に文句をいいたくなるのです。男性をヘコましてやりたくなるのです。いえ、言葉の暴力を使うことはまれです。たいていは、ツンツンするとか、冷たくあしらうとか、陰険な態度をするとか、アラ探しをして密かに軽蔑するなど、間接的に否定することが多いものです。

でも、当の女性はまったくの無自覚です。職場で、般若のような顔をしているなんて夢にも思いません。心当たりのある方は、ぜひ、大きな鏡を職場にもち込んで、五分おきに自分の顔を見てみましょう。般若の顔が映っているかもしれません。現実には、こういうことがよくあるのです。自分が思っている一〇〇倍くらい、職場で、体から怒りのサインを出しているのです。

怒っているのは実父に対してですから、まさに理不尽な八つ当たりを職場の人に向けているのです。実父にされたことを、そっくりそのまま無関係な男性に対してしてるのです。

人は、されたことをする動物です。いいことをされたら、職場の人にもいいことをしますが、悪いことをされたら、職場の人にも悪いことをするのです。それが人間というものです。

「怒りのサイン」は、職場の男性にとっては、強烈な「否定のサイン」「拒絶のサイン」になります。いえ、職場の男性だけでなく、周りの男性全般に対しても「私は男性を拒否しますサイン」となるのです。

こんな状態では、どんな美人でも、男性はこわがって声をかけることはありません。とりつくしまがないような女性として受け取られているのです。

いい男ほど、否定のサインを出す女性をこわがります。怒りのサインを出している女性に平気で声をかけられるのは、女性の体だけをねらっている助平な軽薄短小男だけです。

自分の父親に対して、密かに恨みをもっていないかどうか、検討してみましょう。自分が思っている量の一〇〇倍くらい恨みをもっていることがよくあります。また、三十歳を越えても、実父に愛されたがっていることがよくあります。実父に期待していると、怒りが更に一〇〇倍に増幅されます。

小学校高学年まで、お父さんと一緒にお風呂に入りたいな、と自分から思っていた人は、大丈夫なことが多いですが、小学校低学年の頃、すでにお父さんと一緒にお風呂に入るのはイヤだと感じていた人は、このタイプの女性であることが非常に多いものです。意識では男性から愛されたいと思っているのに、体からは強烈な拒絶のサインを出しているのです。これでは、男性からモテなくて当然です。モテないのではなく、自分から拒否しているのです（詳しくお知りになりたい方は、拙著『娘がいやがる間違いだらけの父親の愛』［講談社］をご覧ください）。

第4章

恋愛のキホンをおさえよう

◆恋愛における「ドキドキ感」には気をつけよう

さて、恋愛しようとする女性がおちいりやすい大きなカン違いが、恋愛の「ドキドキ感」や「ワクワク感」です。

もちろん、恋愛にときめく感情はつきものです。「あっ、この人ステキ！」と感じる男性に出会って胸がときめく、というのはごく自然なことです。

しかし、この「ドキドキ」や「ワクワク」といったテンションの高い興奮状態の感情を、「情熱的な恋」「刺激的な恋愛」をしている証しだと考えるのは大きなあやまりです。

恋愛にハイテンションを求める人は、もっと危険です。このタイプの人は、過去も、夏の花火のように、ドッカーンと一気に盛り上がっては、数週間ほどで一気に盛り下がってしまうような恋を繰り返してきたはずです。その後、何度も、あの時の盛り上がりをもう一度と、過去の熱い日の再来を夢見てがんばったと思いますが、その願いはかなったことがないはずです。

それもそのはず、つきあう相手を間違えているからです。もし、本物の恋愛ならば、つきあえばつきあうほど、楽しくなります。明るく元気になります。いろんなことに挑戦したくなります。たまにはスレ違って、落ち込むことがあったとしても、ベクトルは上向きです。一緒にいればいるほど楽しくなりますし、彼と一緒にいる自分がうれしいと感じますから、自分のしている恋愛に「？」と思うことはありません。彼との関係がどんどん発展しているからです。

美しい芸術や音楽が人の心に深みを与えるのと同様に、自然で美しい人間関係もまた、人の心や人生そのものを深くさせるものです。悦びと感動と元気を与えるもの、それが恋愛です。

ドキドキ感やスリルを味わうのが本来の恋愛の姿ではありません。いえ、ドキドキ感を味わっていけないといっているのではありません。スリルやドキドキがあってもいいですが、「ドキドキ感がないのは恋愛ではない、だから、ドキドキ感がほしい」とばかりに、「ドキドキ感を得ること」を恋愛の目的にしてしまうと、間違った方向に走ってしまう恐れがある、ということです。

◆彼を独占したい！

恋愛につきものといわれる「独占欲」もクセモノです。

「毎日でも会っていたい」

「相手が電話をくれないとすごく不安になる」

「四六時中彼のことばかり頭にあって、ほかのことがいっさい手につかない」

これらは一見、いかにも情熱的な恋をしている状態のように見えますが、じつは、自分の心に不安やさみしさが発生しているからです。前述しましたように、デートすればするほどさみしくなっているのです。ところが、恋愛の最中は、自分の感じている不安やさみしさと恋愛とがいかに深く関係しているか、気がつかないものです。

友人に「ねぇ、私って、彼とつきあうようになってから、イライラしていることが増えた？」と聞いてみることをお薦めします。友人（ただし、あなたの幸せを心から応援してくれる友人に限ります。いい恋愛ができない女性は、自分の幸福を願ってくれない人を友人にしていることが非常に多いので、注意しましょう。あなたの幸福を願っていない友人は、あなたの恋愛が失敗するアドバイスをします）の方がはるかに冷静に見ているからです。

女性は、恋愛を開始するまでは慎重でも、体の関係ができたとたん、保守的になってしまうものです。肉体関係ができたあとで彼のおかしな行動（不自然な行動あるいは異常な行動）を発見しても、無意識に言い訳をして、「彼にもいいところがある」「この恋は間違っていない」と自分にいい聞かせてしまうのです。

ですから、彼とセックスをするからますますさみしくなっているのだ、ということにうすうす気がつきながらも、自分でその感覚を否定してしまうのです。そのために、現実が見えなくなってしまうのです。

心の奥底ではうすうす気がついているからこそ、意識の表面では認めたくないのです。見て見ぬフリをしているのですから、幸せになる道理がありません。幸福は現実からしか得られないからです。たくさんの言い訳をして現実から逃避するのは、幸福から逃避するのと同じことです。自分にウソをつかないとその恋愛が継続できないような無理をしているからこそ、余計に傷が深くなってしまうのです。恋愛に言い訳や弁解は禁物です。

さて、彼を独占できないと不安だ、という気持ちは誰にでもある自然なものですが、その自分の不安な気持ちを、彼を振り回すことで解消しようとするのはもっと危険です。ますます深みにはまります。

たとえばストーカー的にかける電話です。

何度も彼に電話をしては、「好きだからいいでしょ」とか「別に、彼につきまとって迷惑をかけよう、なんて気がないんだからいいでしょ」などと自分にいい聞かせて自分の行為を自己正当化しますが、実は、相手に対する愛情はほとんどないからできるのです。自分の不安やさみしさを相手を使って解消しようとしているだけです。強引に自分の欲望を通そうとする自己愛です。

彼を本当に愛していれば、ストーカー行為はできません。愛していないから、彼が嫌がることが平気でやれるのです。愛があったら彼が嫌がることなど平気でできる道理がありません。

では、なぜ、好きでもない人を執拗に追いかけるのでしょうか。

それは、自分が不安だから彼を独占したいのです。自分の存在に自信のない人は、しがみつかれることで安心を感じるからです。「しがみつかれることが快感」で、「しがみつかれている自分が好き」なのです。彼を好きなのではありません。自分の存在価値に自信がないので、「必要とされる自分」を意識できないと不安なのです。その不安のために、何度も確かめたくなるのです。でも、もともと彼との間に心の絆も愛も信頼もありませんから、何度確かめても不安になるのです。いえ、確かめれば確かめるほど不安になるのです。

そんな人ですから、せめて彼を独占できないと不安で不安でしょうがないのです。彼を独占できると、ちょっとは安心なのです。見捨てられなくて済む、という安心感です。でも、独占したからといって、彼を愛するわけではありません。ただ独占するのが目的なのです。

その証拠に、彼を独占できたからといって、彼を以前よりも愛するわけではありません。あくまでも、自分が不安を感じたくないために、彼を独占したいのです。この独占したい気持ちは、恋愛とはまったく別の次元のものです。

また、彼を独占しても、恋愛とは別の次元での話なので、女性の心が満たされるわけではありません。独占しても心はカラッポなままなのです。その巨大な飢餓感のために、女性は浮気したくなります。でも、「彼が浮気するのは絶対に許せないけど、自分の浮気は許してね」と漠然と考えているものです。そういう女性は、いかに自分が不公平なことを彼に要求しているか、指摘されるまで気がつかないものです。

自分の存在に自信がなく、独占欲の強い女性は、同性の友人の場合でも、独占できないと不安に感じる人です。あるいは、自分が一番だと思っている友だちには、彼女にとって自分が一番の友人でないと気が済まない人です。

◆いい恋愛とは、安心とリラックスがある恋愛のこと

では、いい恋愛、真に心の交流のある恋愛というのは、いったいどういうものなのでしょうか。

それは、お互いに一緒にいることで元気ややる気が出る恋愛です。換言すると、安心とリラックスがある恋愛です。もちろん、デートして別れたあともさみしくないし、暖かい感じが残る恋愛です。さみしくないどころか、一人でいても、元気で活動的で、いいことをしたくなる恋愛です。そして、楽しいことをしては、彼とその悦びを分かち合う恋愛です。

「悦びを分かち合う悦び」がある関係、これこそが、いい恋愛をしている何よりの証拠です。彼（あるいは彼女）と会うとすごくやる気がわいてきて、「あしたも仕事、がんばる

ゾ！」という前向きな気持ちになる、そういう気持ちにさせる恋こそが、「情熱的な恋」と呼べるものなのです。真に情熱的な恋というのは、淡々としているようで、実は持続力のあるものをいうのです。絢爛豪華で派手なものではありません。一見静かなものこそ、真の情熱が秘められているものです。

恋につきものと思われがちな「刺激や興奮」のまさに対極にある「安心とリラックス」こそ、いい恋愛を育むための重要な条件なのです。安心とリラックスのなかから、自己実現が可能となるからです。緊張によるドキドキがあるうちは、自己実現をすることは不可能です。

なぜなら、この人はむげに自分のことを否定したり拒絶したりはしないという安心感、そして、その安心感によってもたらされる心の平穏を感じられる状態でないと、人は、自分の感情がわからないからです。自分の気持ちであっても、リラックスしていないと、自分にとって何をしている時がもっとも楽しいと感じているのか、わからないのです。

リラックスしているというのは、ぼーっとしている状態のことではありません。人は体験したことしか理解できませんので、今の状態よりもリラックスできてはじめて「ああ、昨日までの自分は緊張していたなぁ」と実感できるものです。ですから、自分ではリラックスしたことがあると思っている人でも、実は、生まれてから今日まで一度も、安心やリラックスを味わったことのない人は大勢います。リラックスとはこんな程度のものだろう、と思っていると、相当緊張が高い状態でも、ぼーっと何も考えない状態を見て、ああこれがリラックスしている状態かな、とカン違いしてしまうのです。安心とリラックスは、自分が自分らしく生きる上で（恋愛をする上でも）もっとも重要なことです。すればするほど楽しくなる、とか、すればするほど元気や意欲が出てくる、という自己実現は、安心とリラックスのなかからしか生まれないからです。

それにまた、楽しいことをしなければ、「悦びを分かち合う悦び」を味わうこともできません。男女それぞれ、自分らしく生き生きと行動し、悦びを共感し合うという励まし合いをすることで、二人が一緒にいる意義が生まれるのです。

ですから、はじめての出会いでときめいて、そしてつきあえばつきあうほど「安心とリラックス」できて、より自分らしく生きられるようになっていれば、出会いの時のときめきは「本物」だったということです。

恋愛に限らず、人間関係というものは、安心とリラックスが原則です。一緒にいて、安心とリラックスできる自分になれてこそ、人間関係が形成されるのです。

誤解のないように何度も申し上げますが、「自分は今、緊張していない」と思っていても、リラックスしている状態にあるとは限りません。精神的に無防備な状態でくつろいでいる状態がリラックスしている、ということです。あるいは、守られているなぁと、安らぎを感じている状態がリラックスしている、ということです。穏やかに、しみじみと会話している時がリラックスしている時です。必ずしも、話で盛り上がっている時がリラックスしている時とは限りません。

また、安心とリラックスで結ばれた関係というのは、穏やかな関係ですので、傍目には、平凡で退屈そうな関係に見えることがあります。でも、人間関係というのは、そもそもが穏やかなものなのです。さきほど申し上げましたように、ホンモノの情熱とは、淡々としているように見えることがあるのです。夏の花火のように、ドカーンと燃え上がって、すぐ消えるのはニセモノなのです。いっときの感情というニセモノの感情なのです。

人というものは、一人でいても緊張しているものです。でも、自分が本当に好きな人と一緒にいると、緊張がとけ、リラックスできます。一人でいる時よりも、何倍もリラックスできるのです。そのリラックスが気持ちいいから、人は人を求めるのです。恋愛も同じです。リラックスすると、素の自分でいられるのです。だからこそ、彼と一緒にいると生き生きできるのです。生き生きできるからこそ、自己実現、つまり一番自分がやりたかったことができるようになるのです。これが恋愛の最大の効用です。

なお、誤解のないように申し上げますが、彼の前でだらしない格好ができることがリラックスしている状態ではありません。平気で彼の前でオナラをすることが安心できている証しではありません。彼の前では、かわいらしく見られるようにする努力は必要です。いえ、かわいい女でありたいという適度の緊張は、とても重要なことです。それは自分の見栄のためではなく、むしろ、彼に対する気遣いです。こういう緊張があることと、自己実現するためのリラックスは、相反することではありません。

人は、緊張―リラックス―緊張―リラックス……というリズムの中で生きています。音楽も、このリズムで構成されています。心の動きも同じだから、音楽のリズムが心地よく響くのです。

◆「踏み込まない」「ケンカしない」のがいい恋愛？

では、終始淡々として、本心もあかさずケンカひとつしない関係でいることが、いいカップルとして長続きする条件なのでしょうか？

答えは、もちろんＮＯです。

演技をしているからです。演技というのは、不自然な行為です。本来、別の行動をしたいのに、その場を丸く収めようとして演技するのです。そのような不自然な行動の果てに、恋愛や心の絆の形成はありません。

女性が演技をすれば、男性をかんたんにだますことができます。ですから、たしかに、女性が演技をして、ひとり我慢さえすれば、形だけは平穏に保つことができます。体裁だけは取りつくろうことが可能です。でも、いくら演技しても、いくら体裁を整えても、心が満たされることはありません。不満がつのるだけです。

かといって、相手の心のなかに必要以上にズカズカと踏み込むようなことをしたり、自分のイライラを解消するためにケンカをふっかけるようなことはいただけません（もっとも、つっかかっている本人は、自覚していません）。しかも、激しくケンカしたからといって、互いに本音を出し合った、ということではありません。

重要なことは、自分のやりたいこと、あるいは、どうしてもゆずることのできないことをとことん主張しあうことです。その結果、とっくみあいのケンカになっても大丈夫です。

二人の関係が壊れることは決してありません。

たとえば、「彼は北海道に旅行にいきたい。彼女は沖縄に旅行にいきたい」というカップルがいたとしましょう。お金をためて、ようやくふたりでスケジュールをあわせてとることのできた休暇で、お互いにどうしても譲歩することができないとしましょう。

彼は北の大地を満喫したい。彼女は南の島でのんびりすごしたい。

こんなときは、二人でとことん、自分の気持ちや願望を主張しあっていいのです。殴り合いのケンカをしてもかまいません。そのことで二人の信頼関係が崩れることはありません。また愛が無くなることもありません。ガンガン、個性と個性をぶつけ合いましょう。それが生きる、ということであり、そうすることで、自分自身を知ること、つまり、自分の本当の本音を知ることができるのです。

遠慮はいりません。遠慮するから自分の本心がわからなくなって不安になるのです。「本当は○○にいきたいけど、彼（彼女）がそういうから……」といって、すぐに自分の気持ちをまげて相手におもねるから、自分の本当の願望がわからなくなってしまうのです。

自分の本当の気持ちがわからないというのは大きな恐怖です。この恐怖が不安を発生させるのです。「わけのわからない不安」「漠然とした不安」という悩みの大部分が、この自分の気持ちがわからない不安なのです。自分の感情や願望がわからなくなることほど怖いことはありません。ハンドルの壊れたクルマと同じです。自分でもどこに行くのかわからない状態です。

人は、自分の心さえしっかりと把握できていれば、現状がどんなに過酷でも、冷静沈着でいられるものです。そして、自分の願望を主張し、かつ相手に自分の話を聞いてもらうことで、こちらも相手の願望を聞こうという態度が生まれてきます。これが二人の関係を発展させるのに重要です。いえ、これがないと、心の絆は太くはなりません。だから、大いにケンカしていいのです。繰り返しますが、愛情や信頼というのは、こうした個性と個性のぶつかりあいによって育まれていくものなのです。

しかし最近では、ことなかれ主義で、冷めたものの見方をする十代、二十代の若者が増えています。人前では明るく振る舞っても、どうせ……という発想で生きている人です。恋愛に関してもしかりで、人を深く愛したり信頼したりすること、あるいは何かに感動したり悦びをおぼえることを、「うざい」「ださい」と考えて、「愛情や信頼を育てる」ような深い関係を望む人はごくわずかしかいないのが現実です。

◆大切なのは「良かったね」、「楽しかったね」、「おいしいね」という共感的会話

相手からむげに否定される恐れがない関係であることが確信できると、人は安心し、その人の前でリラックスすることができます。見栄を張る必要もなければ、相手を見下す必要もありません。互いに尊重し合う、という対等な関係になれます。こういう関係ですと、精神的に無防備な状態で相手とすごすことができるようになります。

こういう状態になれてはじめて、「よかったね」「楽しかったね」「おいしいね」と悦びを共感し合えるようになります。これはきわめて重要なことです。

なぜ、こうした共感的会話が大事かといいますと、人は共感をすることで、心の絆を作っていくからです。いえ、共感しないと人間関係は形成されません。恋人や夫婦に限らず、親子関係においても同様です。

ただ、「長くつきあって気心が知れているから安心」とか「さして好きじゃないけど気を遣わないからラク」ということが、必ずしも愛と信頼で結ばれた関係でありません。一見同じ感覚に思えるので注意が必要です。

悦びに対する共感の最大の効用は、よかったね、と相手の幸せを祝福することが最大の励ましになる、ということです。励まし合いがあるからこそ、二人の間に愛と信頼が育つのです。励まし合いの関係こそ、人間関係の真髄であり核心です。励まされた人間は、強い人間になれます。そして、人を励ますこともできるようになります。特に男性は、女性からの励ましは大事です。これがないと、男性は自己実現できないほどです。

さて、好きな人ができると、一緒にお茶を飲みたくなったり、一緒に食事をしたくなるのは、おいしいね、と共感することにより、よりおいしく食事ができるからです。そして、その共感という作業を通して、より二人の関係を深めることができるからです。

関係を深める作業の最右翼がキスやセックスです。二人で同時に快感を味わえるからです。同じ快感でも、同時に味わうと、共感できる度合いが百倍にもなるのです。だから、二人で旅行に行きたくなるのです。

こうして同時に気持ちいいキスやセックスをして、ますます心の絆が深まるのです。絆が深まって、ますます気持ちよくなるものなのです。ポジティブフィードバックです。いいものは、セックスに限らず、すればするほど気持ちよくなるものです。

当然、釣った魚にエサはやらない、という態度とは逆になります。恋人にそんなぞんざいな態度をするのは、そこに愛も信頼もないからです。

◆「時間」よりも「質」が大切

「たくさんの男性経験をしたからといって、幸せな恋愛や結婚ができるわけではない」ということと同様に、長くつきあったからといって必ずしもお互いの絆が深まるとは限りません。

「長くつきあっているのだから、それだけお互いのこともよくわかっているはず」あるいは「つきあってまだ日が浅いから、相手に対して不安がある」というのは、一見もっともな考え方のように思えますが、じつは「つきあった時間の長さ」というのは、いい恋愛をしているかどうかということとはなんの関係もありません。

通常、人は三十分も話をすれば、相手に関する九十九％の情報を得ることができます。つまり、一回デートをすれば、結婚して一生をともにできる相手かどうかを判断することも十分可能です。

ですから、出会ったとたん一目ボレして、三十分程度話をしてみて「この人だ！」と確信して、その翌日に入籍して夫婦になった……といった「超スピード結婚」も、少しもおかしいことではないのです。

「出会いから三カ月で結婚」「知りあってわずか半年たらずで入籍」といったケースを「電撃結婚」「電撃入籍」と呼んで、冷静さを欠いた軽率な結婚と受け取る風潮が世間ではまだまだ強いようですが、つきあった時間の長さだけをとりざたして恋愛や結婚の行方を計ることはナンセンスです。恋愛のカンがニブってさえいなければ、「三カ月」や「半年」は、相手を知るには十分すぎるほど長い時間です。

むしろ、「十年つきあって慎重に吟味した結果、ようやく結婚を決めました」というほうが不自然なくらいです。なんらかの理由や事情があって結婚や入籍をしなかったのならともかく、一緒になろうかどうしようか迷った結果長くつきあうことになったのであれば、それは愛情以外の要素に左右された可能性がきわめて高く、一緒になったあとに期待通りの満たされた結婚生活が待っているかどうかは、保証の限りではありません。

よく、何年もつきあい続けたカップルの期間の長さを称して「永すぎた春」ということがありますが、実際、「永い春」の直後に別の人とつきあって即結婚してしまう人も少なくありません。

また、出会って間もないカップルが、お互いに「この人しかいない！」と確信して結婚を決めても、老獪な大人が横やりを入れて「そんなに焦って決めてはいけない。もっと時間をかけてつきあってお互いを知って、よくみきわめてから決めなさい」とたしなめることも世間にはままあります。ましてや年齢が若ければ「まだ若いんだから、もっといろんな人とつきあってみたほうが……」と、恋愛経験をうながす場合すらあります。

しかし、ものごとで大事なのはタイミングです。どんなに相性ピッタリの男女でも、タイミングを逃すとその後の結婚生活がうまくいかなくなることがあるのです。「本当に愛しあっているのなら、一年や二年経ったって、気持ちは変わらないはずだろう」などというのは真っ赤なウソです。

まさに「思い立ったが吉日」で、「よし！　今だ！　結婚するぞ」と思い立った日が、ふたりにとっての最適のタイミングなのです。このタイミングを逃してはいけません。

といっても、タイミングが大事というのは、なにも「焦って早く一緒になることがいいことだ」ということではありません。

「つきあって半年になる彼から、結婚しようといわれたけれど、なんとなくもう少し気持ちをととのえてから返事をしよう」ということも考えられます。そのときは、お互いの波長があうときを待って一緒になればいいのです。

要は、つきあう「長さ」ではなく、つきあいの「質」が重要なのです。

◆「男性が愛を渡して女性が受け取る」のが基本

昔から「女性は愛されて結婚するほうが幸せになれる」といいますが、この言葉はある意味、とても的を射ています。

なぜかといえば、恋愛というものは、「男性側から女性側に愛が送られて」はじめて、スタートするものだからです。

ただし、男性から手渡された愛が女性によってしっかりと受け止められなければ、その恋愛が発展することはありません。

男性に愛があり、女性がその愛を受け取れる状態にあれば、女性は、必ず気持ちよさを感じます。安心とリラックスが手に入ります。つまり、好きになります。すると、女性は、相手の男性を全面的に肯定（支持、支援）したくなります。たとえ、相手の男性が、チビでデブでハゲでも、「ステキ！」と感じるのです。男性は、女性からのこうした肯定にはものすごく悦ぶものです。母性的な魅力として男性の目に映ります。

よく日本の男性はみんなマザコンだと言われますが、それは誤解です。男性とは、母親が息子を支援するように、自分の恋人や妻から肯定されるとハッスルするものなのです。女性には、こうした応援されることのうれしさはなかなかわからないと思いますが、男性にとってはきわめて重大なことなのです。いえ、重大どころか、恋愛や結婚の核心部分でもあるのです。男性からの愛（女性が幸せかどうか心配し、女性にかけられた呪いをとき、女性が悦ぶことをしたい、という気持ち）と、女性から男性への応援（受容と共感と支持）で二人の愛が育まれていくからです。

ただし、「女としての魅力（かわいいとか色っぽいとか美人という性的な魅力）」の方も重要です。このことを女性は直感的に知っていますから、どの女性も美しくなりたいと思うのです。女性の魅力とは、母性的魅力とセックスアピール的な魅力とが合計されたものなのです。しかし、どちらが重要かといいますと、母性的魅力です。真面目で誠実で愛情深い男性ほど、母性的な魅力を重視します。

◆女性は、自分に安心とリラックスを与えてくれる人とひとつになりたくなる

本来、好きという感情は、自分に「快」を与えてくれる人に対して抱く感情です。男性にとってもこれは同じです。好きな食べ物、というのは、「おいしい」という「快」を与えてくれるから好きなのです。

私たちは、「快」が得られるものを好きと言い換えているのです。女性が男性に対していう「好き」も同様に、自分に気持ちいい愛を与えてくれる人を「好き」と称するのです。

女性は、気持ちいいものと並んでまた、安心も大好きです。なぜなら、女性にとって安心（またはリラックス）できることはとても重要なことだからです。この安心やリラックスも「快」をもたらすので、女性にとって「好きな人」というのは、自分に「安心（リラックス）」や「快」を与えてくれる人のことです。

実際、相手の男性に愛や智恵や勇気があると、女性はしぜんに安心し、リラックスしてくるものです（詳しくは拙著『女は男のどこを見ているか』［ちくま新書］をごらん下さ

い）。そして安心という快を得た女性は、「自分に安心や快さを与えてくれる男性とひとつになりたい」という願望が芽生えてきます。女性ならほぼ例外なく、こういう願望を持っています。

自分を心から深く愛してくれる男性と出会い、その男性の愛を受け入れて、気持ちいいと感じると、その男性と一体となりたい、いつも一緒にいたい、と願うようになります。こういう精神状態で手を握ったり、キスをしたり、セックスをすると、満ちたりた至福の時となるのです。

ただ、繰り返しお話ししましたように、恋愛というものをカン違いしていると、「純粋に愛されて得る」快感と、「依存されて得るまぼろしの快感」とを取り違えてしまいます。もちろん、そこにポジティブフィードバックも発生しません。ですから、当然のことながら、いくらつきあっても二人の絆は太くはなりません。

そもそも相手から依存されることによって得られる快感というのは、泡のようなはかない快感です。でも、この小さな快感に惑わされてしまう女性がとても多いのです。

「キミがいないとオレはダメなんだ」とか「この人は私が一緒にいてあげないとダメなの」なんていう関係がその典型で、一見純粋な愛情で結ばれているように思えますが、じつは愛情などまったくなく、たんに依存されて気分がよくなっているだけなのです。

また、相手の男性を見下していると、優越感という快感を感じる上に、安心とリラックスさえ得てしまいます。ただし、この場合の安心とリラックスは、ホンモノと比較すると、けし粒のように小さく、泡のようにすぐ消えてしまうようなむなしい安心とリラックスです。ニセモノは、一緒にいる時だけの、それも小さい安心とリラックスなのです。

それもそのはず、「コイツはどうしようもなく弱い男だ、どうころんでも、自分の方が上だ」という優越感に由来する幻の安心とリラックスだからです。でも、一緒にいないと優越感も安心も感じないために、一人になると不安になります。だから一緒にいたくなります。麻薬が切れたのと同じ状態です。これが執着の特徴です。ホンモノの場合なら、一人でいても不安に感じることはありません。二人でいればなお安心しリラックスできるので、一緒にいたいと感じるのがホンモノです。彼がいないと自分はダメになる、という執着的な恋は、むしろ、一緒にいることでますますボロボロになっていることが多いのです。恐ろしいことです。

もし、彼に純粋に愛されて気持ちがよくなっている場合は、彼に対して優越感などこれっぽっちも感じることはありません。むしろ、愛されていることに対して感謝の気持ちや謙虚さがめばえるものです。

ですから、もし彼から一日になんども電話をもらって、毎日会って、激しく求められてセックスをして、ぞんぶんに愛されているのに、なぜか気持ちが落ち込んでしまう場合は、「愛し愛されている」のではなく、「依存され、見下している」関係であるからです。麻薬のようなニセモノの快感だということです。

◆結婚したい人とセックスしたい人と恋人にしたい人がバラバラ

あなたは、結婚したい人とセックスしたい人、そして恋人にしたい人がバラバラではありませんか。本来は一致しているものなのです。でも、最近、これがバラバラだという若い女性が増えています。

先ほど解説しましたように、「男性から愛されて気持ちがよくなる」→「愛する男性を応援することが気持ちいい」→(応援された男性は、更に強く女性を愛するようになる)→「さらに男性から愛されて元気になる」というポジティブフィードバックが発生し、「気持ちよさ」が増していくと、「この人と人生をともにしたい」という気持ちがおのずと生まれます。

このようにして育まれた恋愛は、必ず結婚へと発展していくことができます。恋愛する相手と結婚する相手は別」という風潮がありますが、それは、ズレた恋をしている人がいう言葉です。「恋愛と結婚が別もの」になってしまうのは、ホンモノの愛情が介在しない恋愛だからです。ズレた人は、ズレた体験しかしたことがありませんので、恋愛と結婚が別ものにしか見えません。自分の体験的な見解を語るのは自由ですが、しかし、それは間違った恋愛をした結果ですので、まともに聞いてはいけません。道を誤ってしまいます。

ホンモノの恋愛をしているのであれば、必ずその延長線上に結婚がくるものです。あるいは、たとえなんらかの事情で結婚に至らなかったとしても、結婚の可能性を十分に秘めた大恋愛になるもので、「大恋愛だったけど、結婚の可能性はまったくなかった」ということはあり得ないのです。

「今つきあっている彼は恋人としてはイイ男だけど、結婚となると考えてしまう」というのは、ズレた相手と恋愛しているからです。

◆「共感する」＝「イエスマンになる」ではない

繰り返しますが、人と人がいい関係を築くために不可欠なのは、「励まし合い」です。「励まし愛」と書いてもいいくらいです。

同性同士の場合は、この励まし合いによって真の友情が育まれ、恋人同士ならば、励まし合いによって結婚へ進んでいくのです。

励まし合うということは、「がんばれ！」などということではありません。フレー！フレー！　と声援をおくることでもありません。

励まし合いとは、（一）悦びに共感すること、つまり、おいしいね、うれしいね、楽しいね、といい合うことです。そして、（二）悲しみに遭遇した時は、共に泣き、共に困難を乗り越えていくことです。

そうすれば、悦びは十倍に、悲しみは半分になります。だから、生きやすくなります。打たれ強くもなります。こういう効用があるから人は人を求めるのです。こうした心のやりとりが「心の交流」というものです。

女性はもともと、共感や受容、そして支持する能力がとても高いのです。男性の何百倍もあります。女性は愛されると、共感能力や受容能力が高まります。その高まった能力で男性を応援してあげると、男性は悦び、想像以上の仕事をすることができるようになります。俗にいう「アゲマン」とは、愛されて共感能力や受容能力が高くなっている女性のことです。アゲマンという女性がいるのではなく、男性に愛されて、その男性に対して「アゲマン」になるのです。ですから、そのアゲマンの効果は、自分を愛してくれた男性にしか通用しません。

誤解のないように申し上げますが、「共感する」「受容する」というのは、何も「イエスマン」になることではありません。もちろん、女性が自分の意見をもたず男性のいうなりになることでもありません。きちんと理解した上で、自分と一体化し、応援する態度のことです。

応援で一番大切なのは、相手を尊重するということです。尊重するとは、彼の心の痛みをおもんぱかることであり、彼の悦びを大事にしてあげるという配慮のことです。この基本さえ踏まえていれば、たとえいい争いになったり反目しあったりしても、ふたりの関係がこわれてしまうことはありません。

◆「いい恋愛」とは、「究極の片思い」

恋愛は、男性から女性に愛が送られることによってスタートすると説明しましたが、これは、何も「女性から先に男性に対して好意を寄せてはいけない」とか「女性から告白してはいけない」ということではありません。

男女の関係、つまり、恋愛や結婚というものは、非常に人の個性が反映されるものですから、人の数だけ恋愛の方法やプロポーズの方法、そして恋愛の中身が異なってきます。女性のほうから積極的にアプローチしたとしても、そのアプローチのやり方に、さきほど説明した「共感と受容」がこめられてさえいれば、男性はその女性に魅力を感じます。そうやって、恋が芽生えることもあります。

どちらから先に告白したかとか、ということは関係ありません。同様に、お見合い結婚か、恋愛結婚かということも、まったく関係ありません。そういうことはまったく本質的なことではないからです。むしろ、そういうことにこだわることこそ、不自然なことです。つきあうきっかけは、どうでもいいのです。

恋愛や結婚は、それがゴールではなく、スタートだからです。極端なことをいえば、相手が自分をどれだけ好きか、ということも関係ありません。大事なことは、自分が相手をどのくらい好きか、ということです。これがすべてといい切ってもいいほどです。

愛されることに自信のない女性は、友人の前で、いかに彼から愛されたか、いかに彼にやさしくされたかを自慢したがるものですが、不安があるから自慢したがるのです。本当に愛されている女性は、聞かれもしないのに「愛され自慢大会」を催すことはありません。むしろ、彼の愛に不満を感じているから、聞かれもしないのに、自分の恋愛を自慢するのです。実際、のろける人ほど、恋愛が長続きしない人です。

さて、恋愛の基本は、相思相愛ではありません。先ほど申し上げましたように、どれだけ自分が相手を好きか、ということです。そして、自分が好きだと感じる人とどれだけ深くつながり合うことができたかが重要なのです。つながるためのきっかけや方法論は重要ではありません。

むしろ、どんな心の交流ができたかが重要なのです。何を交流したのかは、カップルによってみんな違います。しかし、心を通わす方法は、「共感」ということで一致しています。恋愛というのは、一様性の中に多様性があり、多様性の中に一様性があるのです。

共感（おいしいね、うれしいね、楽しいね、たいへんだったね）という作業を通して心の交流をする、という一様性がある一方で、どんなおいしさを共感するのか、という内容に多様性、つまりバラエティがあるのです。

キスやセックスも同じです。格好そのものにはそんなに多様性があるわけではありません。テクニックも関係ありません。もちろん、何回したか、とか、何人の男性としたか、ということが重要なのでもありません。皮膚を通して何を相手に伝えたか、何を受け取ったかが重要なのです。ものごとは何でも、何をしたかが重要なのではなく、どんな心でそれをしたかが重要なのです。

ですから、同じような行動をしていても、心が違うとまるで別ものになるのです。その最たるものがキスやセックスに代表されるスキンシップです。

皮膚というのは相手の心がとても入りやすい場所です。同じようにさわられても、心がこもっていたら気持ちよくなりますが、ただ単にセックスしたいという下心でさわられると気持ち悪くなります。痴漢にさわられるのも、大好きな彼にさわられるのも、格好は似ていますが、心が違うと、不快になったり快感になったりするのです。

さきほど、「ものごとは何でも、何をしたかが重要なのではなく、どんな心でそれをしたかが重要だ」と申し上げましたが、男女間で重要なことは、相手をどれだけ好きか、ということです。ですから、自分が彼をどれだけ好きか、ということを問わずに、「彼はどれだけ自分を愛してくれているのだろう？」あるいは「自分なんて愛してくれる人がいるのだろうか？」ということばかりを考えてデートをすると、手をつないでもキスをしてもあまり気持ちよく感じません。たとえ彼に愛があったとしても、心に入ってこないからです。

「自分は彼のことが好きだから、彼の悦ぶ顔が見たい」「共に楽しいことをして悦びを分かち合いたい」という気持ちでデートすると、彼の熱い思いのすべてが入ってきて、とっても気持ちよくなれます。

こういう気持ちをもった男女それぞれがつきあってこそ、恋愛はうまくいくのです。繰り返しますが、どれだけ自分は愛されているかということを気にしながらのデートではなく、「自分が相手を好きだ、彼が好きだという自分がうれしい」という気持ちでデートをすると、二人の関係は深まり、発展していくのです。

つまり、片思いが恋愛の基本なのです。片思いをアピールし合うことが恋愛を発展させていく原動力になるのです。愛してくれるんだったらつきあってもいい、という姿勢では、はじめから失格です。どんなに愛されても、その恋が発展することはありません。

片思いの者同士が互いにアピールし合って、互いに心が満たされ、元気になってくる、だから、いつもそばにいて共感したり励まし合って生きていたい……これが理想の結婚であり恋愛です。つまり、究極の片思いです。究極の片思いの果てに、相思相愛という形が生まれるのです。

つきあう前に、相思相愛になることはありません。そう感じたとしてもそれは幻です。そう思い込んでいるだけです。つきあって恋が発展してはじめて相思相愛になるのです。順序を間違えている女性が少なくありません。

同様に、私が彼を思う以上に、彼から思われたい、などと願うのもおかしなことです。なぜなら、「愛される自分が好き」なだけであって、彼を愛しているわけではないからです。愛されている自分が好きなのですから、極端に言えば、自分を愛してくれる人だったら誰でもいいのです。そして、彼から愛されなくなったら自分も彼を嫌いになるのです。

こんなものが恋愛ではありません。ゆがんだ自己愛です。

◆それでも気になる彼の心

恋愛というのはあくまでも、自分が彼を好きだ、ということから始まります。そして、「彼を好きになっている自分がうれしい」ということが大前提です。この前提がなければ、いい恋はできません。

この状態であれば、彼にフラれようと、彼を嫌いになることはありません。フラれて嫌いになるようであれば、彼を好きだというその気持ちはニセモノだったということです。ニセモノの気持ちでいくら恋をしても、ホンモノにはなりません。たとえ、彼からフラれなくても、いい恋に発展することはありません。前提が間違っている以上、いい恋になるはずがありません。恋愛は、あくまでも彼を好きだというところからスタートするのです。

ただ、そうはいっても、女性は誰でも愛されることに命をかけていますから、彼から自分がどう思われているのか気になって当然でしょう。気になってもいいのです。大事なことは、まずは自分が彼を好きだ、という事実があるかどうかです。

愛してくれるから好き、というのでは、彼が愛してくれなくなったら嫌いになる、ということです。しがみつかれるから好き、というのでは、彼がしがみついてこなくなったら嫌いになる、ということです。見下せるから好き、というのは、彼が立派な男性になって見下せなくなったら嫌いになる、ということです。ニセモノの好きだからこんなおかしなことになるのです。

繰り返しますが、恋愛はあくまでも「究極の片思い」が原則です。

本来愛情とは、見返りも報酬も期待しないものなのです。結婚できる、というような見返りも、本来はあってはいけないものです。相手の幸せを願う、という純粋な心があってはじめて熱い心の交流ができるのです。

ですから、「彼が好きだから、告白してフラれるのがコワイ」とか「彼が好きだから、別のオンナと結婚して幸せになるのは許せない」などというのは、相手を好きになっているわけではないのです。恋愛というものを根本からカン違いしているのです。

本当に好きならば、たとえ告白してフラれても気持ちはスッキリします。その時悲しくて泣いたとしても、さわやかな気持ちになれます。もちろん、引きずったりはしません。そして、その後、たとえ彼が別の人と一緒になったとしても、幸せになった彼の姿を見て、自分もあたたかな気持ちになれるはずです。そういう心をもっていないと、ステキな恋愛はできません。

◆イジケ虫も恋愛を妨害する

人間不信と自己不信と自己卑下が合体すると、人に対して異様に気遣いをするようになります。下心のある気遣いです。相手に見返りを期待した気遣いです。ヘトヘトになりますし、気遣っても見返りはごくわずかです。不自然なことをすると、人は気疲れするようにできているのです。

本来、気遣いというのは、無償の愛でもって相手の幸福を願う心による行動のことを意味しますが、今は、見返りを期待しない愛で人に接する人が少なくなったために、「気遣う」というと、自分を見捨てないでね、とか、自分を嫌わないでね、という下心でもって親切にする行為のことを意味するようになりました。

こういう見返りを期待した行動をすると、自分だけが相手に奉仕しているように思えてきます。そして、努力したほど相手は感謝してくれないという不満が増えてきます。相手もまた同じことを感じていますので、話し合いをしても決裂します。不満をもった者同士が一緒にいても楽しいはずがありません。ほどなく、二人の関係も決裂します。

また、自己卑下が強いと、卑屈になったり、弱気になったりして、人からはひねくれている、素直じゃない、と思われます。褒められても、いやそんなことない、と謙遜します。でも、批判されると、すぐ、そうそうそうよねぇ、私ってやっぱりダメな女よねぇと思ってしまうのです。でも、劣等感の裏返しで、プライドは高いことが多いものです。そのため、人には自分はダメな人間だとは言えません。怖くて、そんな本当のことは言えないのです。また、自分のやることに自信がないので、人の顔色をうかがったり、何をするにもオドオドビクビクです。気疲れしてしまいます。不自然な心の動きをすると、気疲れするのです。

次にご紹介するのは、一六歳の女子高生が書いた文章です。二〇〇二年十月十日付けの朝日新聞に掲載されたものです。

……いつも私は何事にも自信がもてません。いつも人目を気にし過ぎるんです。恋愛も、友達によく「がんばんないと恋は実らないよ」と言われるけど、自信がないので積極的に行動に移せないでいます。部活も、「私、へただしなぁ」と思ってしまって、みんなのように「がんばろう」って自信をもって練習できません。とことん弱気なんです。「何でそんなにマイナス思考なの？」と言われたことがあるくらいです。

こんな自分にとても疲れます。恋に対しても、恋するのに疲れたというより恋している自分に疲れるんです。部活で体もヘトヘトで、そのうえ自分に自信がないことで精神的にも余裕がありません。友達が自信をもって部活や恋愛のことを話しているのを聞くと、さらにへこみます。どうしたら自分の内面に自信がもてるようになるんでしょうか？……

自分なんて、愛されるはずがない、告白したって傷つくだけだ、自分なんて、人よりもできるわけがない、人の幸せを見ると嫉妬する自分は醜い、自分なんて人間のクズだ……といじけているのです。当人はいじけているつもりはまったくありません。冷静に現実を見ていると思っています。

しかし、ものごとというのは、解釈のしようで、いかようにも評価が変わるものです。自分はダメだ、愛されない人間だ、というゆがんだ目で（自分を含めた）世の中を見たら、ほんとうに自分がダメ人間に見えてきます。根拠のないうぬぼれも困りますが、こういう、不当な自己卑下やいじけも困ります。

特に女性がいじけている姿ほど、男性にとって醜く感じることはありません。なぜなら、女性のイジケは、自己否定ですが、自分を否定している人は、人を肯定すること、つまり、男性を肯定したり、支持したり、受容したりすることはできないからです。だから、男性の目からいじけている女性を見ると、ああコイツは、自分のことを応援してくれない女性だな、と思ってしまうのです。どんなに美人でも、声をかけることはありません。こんな女性に声をかけるのは、はじめから応援などを期待しない、ただセックスだけできればそれでいいと思っている軽薄短小な男性だけです。女性と見ると、性の対象としてしか見ない薄情な男だけです。

不自然な発想をしていると、不自然な解釈をするようになり、不当に自分のことを悪く評価して、一人で落ち込んでしまいます。人に対して「拒否的なサイン」を出しているわりには、人目が怖くて、気疲れする毎日となります。こんな不自然なことをしているのですから、疲れて当然ですね。

第5章

セックスしないと、恋愛とは呼べないの？

◆セックスやデートで「恋愛の度合い」を測ることはできない

そもそも、「カノジョになる」あるいは「恋人としてつきあう」というのは、いったいどういうことなのでしょうか。

何回かデートしてセックスをすれば、恋人同士と呼べるのでしょうか？

逆に、肉体関係がなければ、何度デートしても「恋人」とは呼べないのでしょうか？

デートやセックスの有無、あるいは回数だけをとらえて、「恋愛をしている」あるいは「つきあっている状態」を計ろうとするのは、きわめてナンセンスなことです。なぜなら、キスやセックスは恋愛をする手段にすぎないからです。

そもそも恋愛とは、心のつながりを作るものです。心がつながることがうれしいから、つまり、心と心がつながることが快だから、人は人を求めるのです。人は、もともと気持ちいいことが大好きなのです。気持ちいいことをするために生きている、と表現しても決して過言ではありません。

デートやセックスをするのは、心のつながりを作り、その絆を太くするためです。心の絆が太く、そして関係が深くなればなるほど、そのつきあいは楽しくなります。だから、その人と一緒にいたくなるのです。

形だけに注目すると、確かに、キスやセックスをしている姿は、いかにも人とつながっているような形になっています。でも、そこに伝えるべき愛がなければ、ただの皮膚のこすり合いです。コミュニケーションになっていないのです。

セックスは、相手の熱い思いを受け取り、かつ、自分の熱い思いを相手に伝える行為です。形は同じでも、愛のある人とセックスすると気持ちよくなりますが、愛のない人とすると気色悪く感じるのはこのためです。同じことをしているのですから、ちょっと考えると不思議な現象のように思えますが、よくよく考えれば、当然のことです。愛が入ってきたら気持ちいいと感じますし、愛と反対の不信や怒りが入ってきたら気持ち悪いと感じるからです。これが人間というものです。特に女性はそうです。だから、大好きな彼とセックスすると気持ちよくなれるのに、スケベな中年男ですと、手を握られただけでも気色悪くなるのです。何をするかが重要なのではなく、何を伝えたか（相手からどんな思いをもらったか）が重要なのです。

ですから、キスをしたとかセックスをした、という行動からだけでは、二人の恋愛の度合いを計ることはできません。愛の代わりに怒りや不信を伝えてしまったら、それは恋愛などと呼べるシロモノではなく、ただのおぞましい行為でしかありません。怪談です。

◆恋愛する「目的」と、それを達成するための「手段」

恋愛をする目的は、心の絆を作ることです。そのための手段がキスやセックスです。キスやセックスが恋愛の目的ではありません。最終目標でもありません。あくまでも、心の絆を太くする方法にすぎないのです。目的と手段は違うのです。分けて考えないと混乱します。

繰り返しますが、恋愛をする目的は、彼と心の絆を作り、相手を思いやる熱い思いを交歓するという関係を楽しむことです。その目的を達成するための手段が、デートやキスやセックスです。ですから、手段だけを見て、どれだけ恋愛を楽しんでいるか、あるいは、二人の心の絆の深さを測ることはできません。キスやセックスなどをしなくても、いくらでも、心の絆を深くすることは可能です。ですから、必ずしも、セックスの経験があることが、深い人間関係を体験したことにはなりません。

セックスは誰でもできますが、愛と信頼の絆で結ばれる、ということは誰でもが簡単にできることではないのです。ズレた行動や不自然な行動を正す努力をした人だけが、目的を達成することができるのです。ニセモノの好きに気がついた人だけが目的を達成することができるのです。楽しく恋愛ができる、恋愛をして元気になる、ということは、実はきわめて高度な精神活動の結果なのです。

セックスをすれば子どもができ、働けば給料がもらえますが、これが結婚ではありません。セックスをすることが恋愛でもありません。二人の間に信頼の絆があり、相手の幸せを願い合う心を交歓してこそ、そこに愛があるといえるのです。多くの女性が自分の恋愛に不満を抱くのは、キスやセックスという形はあっても、そこに愛がないからです。

何度も申し上げますが、たくさんキスやセックスをしたから絆が形成されるというものではありません。同様に、恋愛経験やセックス経験が豊富な人が、必ずしも、恋愛の何たるかを知っている人とは限りません。

「二十人の男と寝たけどさ、男ってこういうもんなんだよねぇ」とか「セックスって所詮、男を満足させるためのものよねぇ」などとしたり顔で語る女性が必ずしも恋愛の達人とは限りません。いえ、むしろ、こういう人こそ恋愛ベタで、恋愛オンチであることが多いのです。こういう人の発言には惑わされないようにしましょう。

◆悪いデートとセックスは恋愛未経験よりもマイナス

しかし、だからといって、デートをすることやセックスすることが恋愛に無関係だということではありません。手段を見ても意味はない、と申し上げているのです。

恋愛において重要なのは、何をしたか、ということではなく、どんな心でそれをしたのか、ということです。相手を思いやる心がそこにあったかどうか、つまり二人の間に愛があったかどうか、ということが重要なのです。これがないのに、デートを重ねてもむなしいだけです。

原則として、彼と太いパイプでつながっていれば、女性は孤独を感じることはありません。目には見えないけれど、ちゃんと絆ができているからです。絆ができていれば、年がら年中彼のそばにいる必要はありません。

デートをしたあと、もしも別れてすぐに会いたくなるとしたら、心の絆が形成されていない証拠です。彼が好きだから会いたいのではありません。さみしいから会いたいのです。これは恋愛ではありません。

デートすればするほどさみしくなっているのです。恐ろしいことです。つまり、実際には心の中はマイナスなのに、意識ではプラス、つまり満たされたと思い込んでいるだけなのです。まぼろしです。だから、本人は満たされたと思い込んでいても、実際には、満たされるどころか、逆に、収支はマイナスになっているのです。そのため、デートすればするほど孤独を感じるようになっているのです。こんな状態では、いくらキスやセックスを繰り返しても、マイナス（不快感）が増えていくだけです。直ちにやめるべき恋愛です。

こんな恋愛をしていると、恋愛未経験の人よりも悪い状態になります。女性にとって、つきあいを間違えるということは、収支がマイナスになる危険がある、ということです。つきあえば人間関係ができると思ったら大間違いです。つきあって、自分の心が破壊されることは、女性の場合、非常に多いのです。ですから、何でも経験してみることが大事、といいますが、女性の恋愛に関しては、とくに、女性のセックス体験に関しては、それは必ずしも適用されるとは限りません。あとでもお話しますが、女性にとってのセックスは諸刃の剣的なところがあって、プラスも入ってきやすい代わりに、マイナスも入ってきやすいのです。しかも、マイナスは一度入ると、入れ墨でもしたかのように、なかなかとれません。そのため、悪い経験を重ねると、どんどん心が破壊されてしまうことがあるのです。周りの恋多き女性たちを見てください。何十人もの男性と恋愛やセックスをした果てに、すばらしい男性と巡り会って、今は家族団欒の平和な日々をおくっているなんていう人と出会ったことはありますか？

私は、数千人の恋愛を調査しましたが、そういう人は一人もおりませんでした。悪い恋愛をする人は、ずっと悪い恋愛をし続け、その悪い恋愛の延長で結婚し、悪い結婚生活をしているからです。夫婦はバラバラ、そして出産後、自分の産んだ子どもから悩まされるのです。

自己分析をするなど、自分自身を真剣に見つめない限り、過去の恋愛の失敗を未来に活かすことはできません。反省もせずに、何度相手を取り替えてみても、悪い恋愛を繰り返すだけです。人間は、本来きわめて保守的なものです。放っておくと、過去のやり方をいつまでもやり続けるのです。たとえ失敗しても、同じパターンの恋愛をやり続けるのです。これではいくら恋愛経験が豊富でも、何の意味もありません。必要なのは、次の恋ではなく、過去の恋愛の分析なのです。

ちなみに、いい恋をする女性は、そう何度も恋愛をすることはありません。一回ないし数回程度で、ピンと来る人と出会ってそのまま結婚することが多いものです。

◆女性は、はじめてのセックスが大事

女性の自己分析のお手伝いをして気がつくことは、はじめてのキスやセックスがいかに大切か、ということです。現実を見る限り、はじめてのキスやセックスで悦びと感動を得た女性は、その後もずっと気持ちいいキスやセックスができることが多いものです。たとえ、万が一、何らかの事情でその男性と結婚できなくても、その後も、気持ちのいいキスやセックスができることが多いのです。

しかし、はじめての時、「なんだ、こんなものか」「たいしたことないな」という印象を得た女性は、放っておいたら、一生、悦びと感動に満ちたキスやセックスを経験することはありません。はじめの数回は気持ちよかったけど、それ以降はあまり気持ちよくない、というのも同じです。その後は、二度と、恋愛初期の悦びを得ることはできません。恋人を替えても同じことです。いいのははじめの数回で、あとはマンネリです。

ものごとは何でも、いいものは、すればするほど良くなります。またいいものは必ず発展します。人間関係の場合、発展するとは、心の絆がどんどん太くなるということです。絆が太くなれば、よりたくさん自分の熱い思いを相手に伝えることができます。もっと気持ちよくなります。こうして、人は、つきあいが長くなるにつれて、より心が通じ合えるようになるのです。だからこそ、時間と共に互いにかけがえのない人になっていくのです。

しかし、「なんだこんなものか」というセックス経験、あるいは、「はじめの数回は気持ちよかったけど、だんだん気持ちよさがなくなってきた」というセックス経験をした人は、自己不信（自分のカンが当たらなかったことによる自己不信）が強まるばかりでなく、警戒心（新しい人と出会っても、また、こんなものかという程度の低いセックスしかできないのではないか、という不安）や人間不信（どいつもこいつも自分を本気で愛してくれる人なんていないのではないか、という不信）までもが強まります。人は、自分を疑っている状態、または人を疑っている状態では、相手の愛を感じることはできません。たとえ相手に大きな愛があったとしても、愛を感じることはできません。セックスしても愛が入って来なくなるのです。愛は、安心し、信頼した状態でないと、自分の心には入ってこないのです。

わかりやすいたとえ話をしましょう。

あなたが生まれてはじめて乗ったジェットコースターが途中で脱線して大けがをしたとしましょう。当然、すごく大きなトラウマができてしまいますね。

その後、ちゃんと修理したと聞かされても、事故のショックが大きくて、なかなか乗る勇気がでないと思います。別の遊園地のジェットコースターも怖くて乗れなくなります。たとえ、「このジェットコースターは、一度も事故を起こしたことがない」と聞かされても、「いや、自分が乗った時だけは脱線するかもしれない」と不安になることでしょう。たとえ説得されて、一回だけは乗ることができて、そして、無事にたどり着いても、「いや、次のもう一回目で事故が起きるかもしれない」と、不安になることでしょう。

人は、一度痛い目に遭うと信じる気になれなくなるのです。セックスも同じです。はじめてのセックスが「して良かった」と思えるものでないと、二度目を信じる気がなくなってしまうのです。意識はしませんが、人とはそういうものです。

一回目で失敗したからもう当分しない、と考える女性と、いや、他の人としたら気持ちいいセックスができるかもしれない、だからしまくるぞ、と考える人と、二タイプに分かれますが、どちらも、「今度もダメなのではないか」と疑った状態になっている点では同じです。

先ほどお話ししましたように、疑った状態ですと、相手の愛は入りません。困ったことに、相手の悪いものは、心を閉ざしても、あるいは、疑いの心があってもどんどん入りますが、愛だけは入らないのです。そのため、疑ったまま二回目に挑戦しても、愛は入りません。その結果、「疑った通りだ」と、自分の直感をますます疑い、相手の愛をもますます疑うようになります。むなしいセックスをすればするほど不信感がどんどん増す人間になってしまうのです。

記憶力、洞察力、推理力が優れた聡明な女性ほど、こうした悪循環におちいる傾向が高いので、十分な注意が必要です。

◆悪いセックスや恋愛経験を重ねるほど「いい恋愛」は遠のく

ある女子学生から、こんな相談を受けたことがありました。

「先生、彼がね、男はいろんな女とヤルことでいい男になるけど、女はやればやるほど汚れていくだけだ、っていうんです。よく男の浮気は甲斐性なんていうけど、それってホントなんですか？　女だって、たくさんエッチして、いちばん相性のいい人と結婚したほうが幸せになれる気がするんですけど……」

結論からいいますと、男だろうと女だろうと、たくさんのセックスをしたからといって、いい男、いい女になることはありません。男性は人を愛していい男になり、女性は愛されていい女になるのです。

もし、女性経験が豊富で魅力的な男性がいたとしたら、それはたくさんの女性とセックスしたからではなく、女性を深く愛したからです。

男性は、女性を愛して成長するのです。そして、深く愛した人だけが智恵を獲得できるのです。勉強すれば知識は獲得できますが、人を愛さないと、智恵を得ることはできません。智恵のある男性が女性に魅力的に映るのです。そして、智恵と勇気と愛のある男性のそばにいると、女性は、自分は守られているという安心感を得、そして、セックスすると気持ちよくなれるのです（詳しくは、拙著「女は男のどこを見ているか」［ちくま新書］をご覧下さい）。

逆に、女性は、いい男からいっぱい愛されることで「いい女」になっていくのです。愛情の深い相手とセックスをすれば、心は満たされ、清らかになります。女性は、愛されて清らかになっていくのです。

処女だけが純真無垢なわけではありません。「セックス＝汚れる」と考えるのは、誤りです。女性は愛されることで怒りや不信が消滅していくのです。ですから、いい男といいセックスをすれば、女性もセックス経験の数だけ心がキレイになれるのです。本来女性は、セックスを通して清くなっていく存在なのです。

しかし、逆に、人を思いやる心もないような、無神経な男性とセックスをすると女性は怒りや不信で汚染されます。だから、「セックスする＝汚れる」というのは、この意味においては正しいのです。

しかも、一度、汚染されると、祓《はら》い清めることがなかなかたいへんです。シミのように体に張り付いてしまうのです。女性は男性にくらべてとても汚れやすい生き物なのです。男性の場合は、たとえ愛のないセックスをしたとしても、女性から汚されるということはほとんどありませんが、女性が愛のないセックスをすると、相手の悪いものをたくさん受け取ってしまうのです。

女性は好きでもない男性からですと、ちょっとさわられただけで、男性の何百、何千倍もの不快感を感じるのです。ちょっとふれられただけでこうなのですから、セックスによって受ける被害がいかに莫大か、容易に想像できると思います。

セックスというのは、愛も入りますが、怒りや不信も入るという「諸刃の剣」的なところがあるのです。さきほどお話した通りです。

女性は相手のいいもの（愛情）も悪いもの（怒り）も吸収しやすい性質をもっているからです。女性は経験的にこのことを知っていますから、多くの男性とセックスするのではなく、愛情のある男性を一人見つけて、その人からだけ愛されようと考えるのです。その方が、汚れから自分の身を守るのに有利だからです。これは世界的な傾向です。

女性は本来このような性質をもっているからこそ、これぞと思った人、つまり、この人とセックスしたら清らかな愛が入るだろうと直感した男性と恋愛しようとします。そして、実際、心が満たされれば、他の男性とセックスしたいとは思わなくなります。たくさんの男から抱かれてみたいとも思わなくなります。ですから、女性が「いいセックスをたくさんの男としたい」という発想は、本来ならば芽生えないはずなのです。

もしそういう発想があるとすれば、満たされないセックスをしている、ということです。ですから、女性の場合、たくさんの男性経験がある、ということは、それだけたくさんのダメ恋愛を過去においてしてきた、ということと同義で、「一生懸命に真実の愛を探したのに、いいセックスをすることができず、その後も必死に探したけれど、悪い男ばかりとセックスし、悪いものを吸収して汚れてしまった」ということを意味するのです。また、過去の失敗が未来に活かされていない、ということでもあります。

「経験豊富」といえば聞こえはいいですが、実際には「カンが狂っていてホンモノをつかまえられなかった結果」ということです。

また、さらに悪いことは、愛のない怒りだらけのセックスを重ねれば重ねるほど、相手の男性の怒りで汚染されて、さらに大きな怒りや不信をかかえた男性に魅力を感じて惹かれていくようになることです。恋愛に失敗すればするほど、つきあう男性の質が落ちていくのです。恐ろしいことです。

この悪循環に一度でもハマってしまったら、愛のあるセックスに巡り会うことはますます困難になります。どんなに一生懸命に恋人を探しても、どんなに慎重に男選びをしているつもりでも、魅力を感じるのはダメ男ばかりなのです。悪い経験をすればするほど、悪い男ほど魅力的に見えてしまうからです。

セックスを通して侵入した怒りを自分の体から追い出すのはたいへんな作業です。ましてや、何十人という数の怒りや不信をかかえ込んでしまったら、愛のあるセックスに生きているうちに出会えるかどうか、かなり危うくなります。

女性にとってのセックスは、はじめが肝心なのです。換言すると、はじめてのセックスで涙が出るほど感動できれば、たとえその男性と別れることになっても、その後も感動的なセックスに出会えますが、逆に、なんだこんなものか、という程度ですと、一生、素敵なセックスをすることがむずかしくなる、ということです。

相手のせい、というよりは、女性に問題があるのです。まして、痛いばかりで何ひとついいことがなかった、というような女性は、よほどの自己改革をしない限り、素敵な愛を見つけることは不可能です。出会いに期待しても無駄です。出会いは偶然でも、つきあいは必然で始まるからです。いい人とさえ出会えれば自分は幸せになれる、と思ったら大間違いです。悪い男ほど、いい男に見えてしまう女性になっているからです。

このように、恋愛、特にセックスにおいては、「経験はすべて悪い経験」といっても過言ではありません。「百聞は一見にしかず」で体当たりでおぼえることも人生には数多くありますが、セックスに関してはは必ずしもあてはまるとは限りません。

「処女を守る」という言葉は死語になりつつありますが、この言葉には「女性の心を守る」という意味がこめられています。たんなる前世紀の古くさいおきみやげではありません。

女性は、セックスをする時は、慎重の上にも慎重でないといけないのです。

◆専門家でも見分けることはむずかしい

「この歳まで処女だなんて、恥ずかしいから相手に知られたくない」と、処女であることを気にする女性も多いようです。

しかし、ベテランの産婦人科医でも、女性器を診察して、処女か非処女かを見分けることがむずかしいものです。まして、一般の男性にとっては不可能に近いことです。

血が出たら処女、ということは、ひとつの指標にはなりますが、はじめの数回は性交するたびに出血する人もおりますし、膣から出血している場合もあります。生理の血と取り違えてしまう場合もあります（男性がシーツについた血を見て、はじめてだったの！と感激していたので、女性は生理の血だと知りつつ、はい、処女でした、と偽ったツワモノもいます）。では、出血しなかったら非処女かというと、実はそうではありません。はじめての性交で出血しない女性が半数、またはそれ以上いるのです。

要するに、出血の有無で処女かどうかを見分けることはむずかしいし、女性器を見ても見分けることはむずかしい、ということです。いずれにせよ、一般の男性には困難な作業です。ですから、結論は、女性が処女かどうかは、女性側からの申告がすべて、ということです。

◆処女であることに誇りをもってほしい

ただ単に肉体的に処女でさえあればいい、というのではありませんが、もしあなたが処女であれば、安っぽく自分の体を提供しなかったことに誇りをもってほしいものです。

「処女は、モテない女の代名詞」「処女であることが恥ずかしい」などと思っていたら、それは大間違いです。恥ずかしいと思うことこそ、恥ずべきことです。

悪い男に汚されていないという意味においては、処女であるだけで、十分以上の意義も意味も価値もあるからです。

現に、実父にたっぷりと愛された女性は、恋愛！　恋愛！　と騒がないものですし、自分の体に誇りをもっていますので、容易に男性に体を提供したりはしないものです。父親と同等かそれ以上に自分を愛してくれる男性にしか、体を開くことはありません。

面白い証言があります。過去、複数の男性とセックスし、その後、自己分析などの努力をして、めでたく本当の愛を見つけた時、多くの女性が、「ああ、この人に処女を捧げれば良かったなぁ」と思うことです。女性は、もともと、自分を深く愛してくれる人、その人とだけとセックスしたいと願うものなのです。

ただし、その後も本当の愛を見つけることのできなかった女性は、「別に、誰に処女を捧げても、大差なかったなぁ、男は誰でも同じ、入れて出すだけ……」という厭世的な感想を持つことが多いようです。

◆男ははじめの男になりたがり、女は最後の女になりたがる

男性が処女を好むのは、三つの理由があるからです。

ひとつは、処女であれば、他の男性のペニスの大きさやテクニックや愛の大きさと比較されることがない、という安心感です。比較の対象がないのですから、自分が一番でいられるのです。こういう安心というのは、女性にはなかなか理解できない安心だと思いますが、男性は女性に対しては意外と見栄っ張りなものなのです。三番目の男であった場合、

イ ンポテンツになってしまいます。男性とはそういうデリケートな面があるのです。

二つめは、処女であれば、彼女の産んだ子が自分の子である可能性が非常に高いからです。というのは、女性は自分が産む以上、たとえ浮気したとしても一〇〇％間違いなく自分の子ですが、男性は、女性の言葉を信じるしかないのです。今でこそ、ＤＮＡ鑑定で我が子かどうか判別できますが、ちょっと前までは、女性の言葉しか頼るものがなかったのです。現実に、数パーセントの子は、夫以外の男性の子です。その点、処女なら、昔の男とヨリを戻す心配はありませんから安心なのです。

三つめは、これまでずっと自分を待っていてくれた、といううれしさです。男性には征服欲があります。この征服欲も女性にはほとんどないので、なかなか理解できないことかもしれません。でも、男性には、戦いに勝ちたい、征服したい、という根源的な欲求があるのです。幼稚園児に、画用紙を渡すと、女児はお絵かきを始めますが、男児は、画用紙を丸めてチャンバラごっこを始めます。これが男女の違いです。男性はいつも競争のなかにおかれているのです。だから強さに憧れるのです。男性がクルマに強いパワーを求めるのも、男性の宿命によるものです。強いパワーで征服したいのです。だから、男ははじめの男になりたがるのです。征服欲を存分に満たしてくれるからです。

女性にセックスを許されたということだけでも、ある程度、男性の征服欲は満たされますが、前人未踏の山を征服する悦びと同じで、誰ともセックスの経験のない処女を征服するのは、男性としての悦びのひとつなのです。他の男に勝った、という勝利感という悦びです。

一方、女性は、最後の女になりたがる、と昔からいわれています。女性は、たとえ相手の男性が、過去、たくさんの女性とつきあってきたとしても、自分が最後の女であればそれでいい、という気持ちになる、ということです。「オレは今まで二十人の女とつきあってきたけど、オマエが最高の女だ。一生愛するから結婚してくれ！」といわれると、本当に自分が最後の女になったと錯覚して、女性は舞い上がることが多いのです。なぜ、女性が最後の女になることがうれしいのかといいますと、彼が過去につきあったという二十人の女たちに勝ったという勝利感があるからです。自分が二十人の女性のうちで一番いい女で、かつ、一番愛された女である、という自信にもつながります。

その点、男性は、ちょっと違います。「私は今まで二十人の男とセックスしたけど、あなたとのセックスが一番いい。だから結婚して！」といわれれば、うれしいことはうれしいですが、不安がつきまといます。なぜなら、今は自分が彼女にとって一番の男でも、もし、彼女が浮気をして、自分よりも愛も智恵も勇気もある、いい男性とセックスして、自分が二番目に転落したらどうしよう、と不安に思うからです。よほどの自信のある男性でない限り、この不安を払拭することは困難です。こんな不安をかかえながら生きるよりは、処女の女性から「今まで誰にも許さなくて良かった。あなたとのセックスで私は満足よ」といわれる方が、何十倍も安心できるのです。

なお、女性は、男性から愛されていると感じている時は、「彼は二十二番目の女性を探しに行かないだろうか」と不安には思いません。二十人の過去の女性に自分は勝ったのだから、たとえ浮気しても、自分の方が勝つだろうと思うからです。

女性は、最後の女になったことで勝利感にひたり、かつ、自信を持つのに対し、男性は、勝利感にひたれても、イマイチ自信がもてないのは、以上のような理由があるのです。

人間関係において、こうした安心は大きな位置を占めます。女性にとっての安心はきわめて重要ですが、男性にとっても大きいのです。恋愛や結婚を続けていく上ではかなり重要なところです。実際、処女で結婚した女性と比べると、非処女で結婚した人は、浮気をする確率が倍以上高い、という調査結果があります。男性の不安を裏付ける現実です。

その点女性は、彼から愛されている限り、「彼はあれだけいろんな女性とつきあって自分を一番の女だと認知したのだから、当分、自分よりもいい女に出会うことはないだろう、たとえ浮気しても、本気にはならず、いずれまた自分のところに戻ってくるだろう」と、無意識ですが、考えます。男性は、女性ほど強くは、自分を愛してくれる女性を探そうとは思わない生き物ですから、ある程度、男性が結婚生活に満足していれば、浮気をしたとしても、本気にならないだろうと、女性は予測するのです。男性は飽きっぽい動物ですが、彼の子どもを生んでいれば、いずれ本妻である自分に戻ってくる確率が非常に高いことを女性は直感的に知っているのです。

「男ははじめの男になりたがり、女は最後の女になりたがる」という諺は、男女の差をみごとにいい当てている諺なのです。

第6章

彼氏をつくるための役立つ心得

◆恋につまずく人は、基本的な人間関係を見直す必要あり

さて、前の一、二章では、恋人がなかなかできない、あるいはつきあう相手はできるけれどすぐに別れてしまう、といった「彼氏のできない」具体例とその理由を解説しましたが、本章では、その悩みを解決するための根本的な心得をお話していきたいと思います。

きちんとつきあってゆける恋人ができるようになるための根本的な心得……その第一歩としてまず考えなければならないのは、「周囲の人々との人間関係がうまくいっているかどうかを見直す」ということです。たとえば、もっとも身近な人間関係である同性の友だちとの関係を、果たして自分はちゃんとつくることができているかどうか。

「え？　恋人ができるようになるために人間関係の基本を見直す？　だって、恋愛を成就させる方法と、友だちをつくる方法はまったく別物でしょう？　現に、友だちはいるけれど彼氏がいない人なんてゴマンといますよ。『恋愛ベタ＝人間関係がヘタ』って結びつけてしまうのは、あまりにも単純すぎるんじゃないですか？」

いいえ。恋愛を成就させる方法と友だちをつくる方法は別物ではありません。その基本

は、本来はまったく一緒です。きちんと恋愛ができない人というのは、概して友人関係においてもまた、良好とはいいがたいものなのです。

とはいうものの、みなさんの多くは、「友だちは簡単にできるけれど、恋人はなかなかできない」あるいは「友だちとはすんなりいくけれど、恋人とはすぐにつまずいてしまう」と思っていらっしゃるかもしれません。友情なんて簡単なもの、でも愛情は面倒くさいもの……。そうとらえている人がとても多いと思います。しかし、これはまったくの誤解です。なかなか恋人ができない人が簡単に友だちをつくれるわけはありませんし、恋人とすぐにつまずいてしまう人が、友だちとはうまくいくというはずもないのです。つまり、お互いに友だちになっているツモリでもそれはまったく表面的なものでしかなく、実は友情のかけらもないからっぽな間柄の相手を「友だち」といっている可能性はきわめて高いのです。

そうはいっても、人は、自分が体験したことしか理解できません。愛と信頼の関係で結ばれた友人ができてはじめて、いかに過去の友人関係が表面だけのものだったかを悟るのです。でも、悟らない限り、今のうすっぺらい友だちづきあいでいいと考えてしまいますので、問題意識は低いままです。

そこで、次のようなチェックリストをつくりました。

あなたの知らない問題点チェックリスト

1	過去、何度か、人間関係のトラブルで悩んだことがある	
2	初対面のとき、いい印象をもった人と仲良くなれても、その後、しだいにどちらからともなく疎遠になっていくことが多い	
3	職場の同僚や上司は、自分の努力を正当に評価してくれない、人を見る目がない。フシ穴だと思う	
4	長くつきあっている友だちがいない	
5	つきあっているうちに相手の欠点が見えてくると、ハナについてくる	
6	相手に気を遣っているのに、ちっともわかってくれないことが多い。もっとそのことに感謝してもらいたいと思う	
7	世の中には、「おお、この人はすごい！」と尊敬できる人は少ないと思う	
8	世の中には、こちらから感謝したいなと思える人は少ないし、人の親切に対してきちんと評価し感謝できる人は少ないと思う	
9	自分が好きだと感じる人の数と、自分が嫌いだと感じる人の数とでは、嫌いだと感じる人のほうが圧倒的に多い	
10	相手のウソが許せない。ウソをつかれるとすごく腹が立つ	
11	感じのいい人が職場にいても、なかなか自分から「一緒にお茶しない？」と誘えない。誘ってくれるとうれしいが、怖いと感じることもある	
12	何かと我慢してしまうことが多いのに、感謝されることは少ない	
13	意地悪で不親切な人がのうのうと生きているのが許せない。そんな人に恋人がいるなんて許せない。もっと制裁を受けるべきだ	
14	人に嫌われることが怖い。たとえ、自分が嫌いだと感じる人でも、自分を拒否しないでほしいと思う。好かれなくてもいいから、自分を嫌わないでほしい	
15	自分は、何か人のために役立つことをしなけば誰にも好きになってもらえないだろうし、自分の存在を無視し始めるだろう	
16	親切にされると、次の瞬間、「どういうお返しをすればいいか」ということを考えてしまう	
17	この世には、見返りを期待しない無償の愛というのはないと思う。ごく限られた場合にしか、そういう純粋な愛には出会えないと思う。真実の愛は、映画や小説のなかにしか存在しないと思う	
18	希望を聞かれたとき、第一希望をすぐにいうのは子どもじみている。周りの状況をよく見ながら、第三希望くらいをいうのが大人だと思う	

19	人の機嫌が気になり、職場に一人でも不機嫌な人がいると、ついご機嫌取りをしてしまう。	
20	ありのままの自分をさらけ出したら、きっと嫌われるだろうとビクビクしながら遠慮がちに生きているほうだ。	
21	「自分は、人に危害を加える人か、被害を受ける人か」というふうに考えたら、自分は圧倒的に被害者の部類に属すると思う	
22	人より劣っていることが多いな、と感じることがある	
23	人に必要とされるとうれしい。そうでないと不安になる	
24	幸福そうに見える人を見ると、嫉妬することがある。へこましてやりたくなることがある	
25	世の中の人みんなに、「自分と同じように苦しんでほしい」と願うことがある	
26	自分の存在価値に自信がない。「自分なんて、この世にいないほうがいいのではないか」と思ってしまうことがある	
27	自分なんかと一緒にいて、楽しいと感じる人なんて、めったにいないと思う	
28	人に好かれようとする努力が実らないことが多い	
29	友人と、うれしい話や楽しい話で盛り上がることよりも、誰かの悪口やスキャンダル、そして愚痴で盛り上がることのほうが多い	
30	うれしいときに一緒に悦んでくれる友人は少ない	
31	悲しいときになぐさめてくれる友人は多い	
32	いいことをして賞賛を得るよりも、同情をかうことをしたほうが世間にウケがいいと思う	
33	自分は八つ当たりしたことがないのに、人から八つ当たりされることがよくある	
34	本気で自分の幸せを願ってくれる人なんて、いるわけがない。あるいは、自分のことを親以上に愛してくれる人なんて、いるわけがないと思う	
35	「自分は特別な存在でありたい」と思う気持ちが強い	
36	親切にされたとき、「この人はどんな見返りを自分に期待しているのだろう」と、すぐ考えてしまう	
37	相手のウケをねらって行動するときがある。でも、期待通りに相手が反応してくれないと、悲しくなる。裏切られたように思う	
38	どんなに仲良くしていても、人はいつか、自分のもとを去るだろうと思う	

39	なんだかんだいっても、やはり最後に頼れるのはお金だ	
40	自分のほうが正しいと思っていても、相手がキレて怒り始めると、自分のほうが悪かったのかな、と思えてくることがある	
41	うまくいっても「まぐれ」だと解釈することが多い	
42	人づきあいも仕事もレジャーも、人からどう思われるかが気になって、イマイチ楽しめないことがある	
43	自分のキレイなところだけ見てほしい。相手の汚いところも見たくない。でも見てしまったら、見ぬフリをしたい。キレイなところだけを互いに見せ合って生きていきたい	
44	ほめられるとうれしいが、「常にほめられることをしろ」と期待されているようで、困惑してしまう	
45	「自分はどれくらい相手を好きか」という問いかけは、じつは、ほとんどしたことがない	
46	「自己改革の努力なんてしてもムダかなぁ、やったとしても、もう手遅れかもしれないなぁ」などと考えてしまう	
47	「かわいいね」といわれると、「そんなことない」と否定するが、「ブスだね」といわれると、すぐ信じてしまう	
48	プレゼントは、贈る側よりももらう側のほうがうれしいに決まっている、と思う。	
49	いつも人に批判されているような気がする。そんなことはない、と理性では否定するが、人からアラ探しをされているように思えてならない	
50	「失敗したらどうしよう」と思うと、怖くて何もできないことがある	
51	みんなが知っていて、自分だけ知らないというようなことがあると、「ああ、自分はダメだなぁ」と思ってしまう	
52	人にしてもらった親切が、イヤミに思えることがある。それも、純粋な親切であればあるほど、素直に受け取れないことがあるかもしれない	
53	何かの拍子にイライラし始めると、人に悟られまいとがんばるが、おそらく周りの人にバレているだろうと思う。脅威を与えているかもしれない。そう思うと怖くなって、次の瞬間、相手のご機嫌取りをしてしまうこともある	
54	ストーカーのようでもいいから、情熱的に迫られてみたい。あまり紳士的なのは、愛情がないみたいに思えてしまう。しつこいのも困るけど、執拗に迫られてうれしい自分もいる	
55	自分をふった彼の悪口や悪行を、友人にいう。そして同情してもらう	
56	自分が彼（彼女）を思う以上に、相手から自分を思ってほしい。そうでないと不安だ	
	合計	

いくつ当てはまりましたか？　ここにあげたチェック項目は、いずれも、「気を遣っているはずなのに人づきあいがうまくいかない」タイプかどうかを診断するものです。特に、恋愛や友人関係において、長続きしない人あるいは心の深いところでつきあいをしたことのない人向けの診断テストです。○をつけた数が多いほど、重症ということです。

ただし、これはあくまでも自己診断ですから、自分に当てはまっているかもしれないという目で見ないと、正確な診断はできません。「自分はまともな人間だからこんなの当てはまるはずがない」と思ってチェックすると、テストの信頼性が低下します。

また、○の数が多いほど重症であるとはいえ、「自分は七つしか当てはまらなかったから、ほっとした」という人よりはむしろ、「こんなにたくさん当てはまってしまった。自分は大丈夫だろうか？」と心配になった人のほうが、軽症であることが多いものです。

この項目に当てはまる人は、

●自分の存在に自信のない人

●「どうせ自分なんて、何やってもダメだ」と厭世的に考えてしまう人

●執着することが人間関係だと思っている人（しがみつかれたり、互いにしばり合うことが愛情だと思っている人）です。

こうした自己卑下や人間不信があると、信頼で結ばれた人間関係が形成できません。人と仲良くしたいと思っているつもりが、自分の知らない間に、体から「否定のサイン」や「私はあなたと仲良くなりたくありませんサイン」が発信されているのです。

真の原因は、相手にあるのではなく、自分自身のなかにあるのです。自分のなかに問題点があるのだ、ということに気づかない限り、一生、前には進めません。

◆真の友情がつくれてはじめて、真の恋人を見つけることができる

「じゃあ、本当の友だちってなんですか? 友情のある関係って、どういう関係をいうのですか?」

いい質問です。本当の友だちとは、自分の心を鏡のように映し出してくれる人、つまり、自分の本当の本音を引き出してくれる人です。

自分の心の奥底にある気持ち(または願望)というものは、安心し、リラックスした状態で、つまり、心を全開にした状態で自分以外の人間に共感してもらってはじめて認識できるものなのです。自分の心であるにもかかわらず、自分一人ではわからないのです。だ

から、共感してもらう必要があるのです。

心を許した人と話をしながら、「ああそうか、自分はこういうことが大好きな人間だったんだ」と悟るのです。人生には、そういう人が、異性に一人、同性に一人必要です。よき友とよき恋人（夫）です。よき友とよき恋人をもった人だけが、自己実現をすることが可能となるのです。そして、自己実現をすることで誇りと悦びを得、ますます悦びをわかち合い、ますます励まし合いをするのです。親友の役割と恋人の役割は、基本的には同じなのです。

本当の友だち、それは、お互いに励ますことのできる関係の相手です。喜怒哀楽の共感を通して励まし合いをする人、それが親友です。自分の幸せを本気で願ってくれる人でもあります。もちろん、あなた自身も、親友の幸せを心から願えないと、その人はあなたの親友にはなってくれません。互いに互いの幸せを願い合う関係が親友なのです。恋愛とまったく同じです。

親友も恋人も、それぞれ一人いれば十分です。「こんなにたくさんの友人がいる」と自慢する人は、一人も親友のいない人です。いえ、二人いてはいけない、というのではありません。親友は多いほどいいです。でも、数が多いからいい、ということではありません。

数よりも、深さ、つまり質が重要です。

お互いがみずから悦んで励まし合える人間関係は、必ず、「私もうれしい、あなたもうれしい」という関係になります。もし、こういう関係にならなければ、それはニセモノのつきあい、ということです。いい関係というのは、互いにつきあっていてうれしくなるものなのです。

うれしくなるからこそ、人は人とつきあおうとするのです。そして、そのうれしさをわかち合うことで、悦びを一〇倍にするのです。だから、人は、いいつきあいをすると、元気で意欲的になるのです。当然のことながら、悦びが大きくなると、感じる幸福度も高くなります。親友が一人いると、人生は一〇倍楽しめるのです。

「だけど、友だち関係って、もっとあっさりしてて何気ないものじゃない？　特別に『励まし合う』ような意気込みがなくても、感覚がなんとなくあってさえいれば、友だち同士になるのなんて簡単だと思うけれど……」

もちろん、ふだんは何気ない会話で十分です。何をどのくらい話したかが重要なのではなく、相手の幸せを願う心があったかどうかが重要なのです。その相手を思いやる心が心を開かせ、本音を引き出すのです。幸せを願う心があれば、何をしても、励まし合いになります。励まし合うから、信頼し合うようになるのです。信頼関係とは、励まし合いで築かれる関係なのです。

信頼関係があれば、つながっているという確信が得られます。心の絆を確信できれば、毎日会う必要はありません。四六時中、電話で話をする必要もありません。毎日話をしなくても、友情を保てるのです。

むしろ、執着恋愛のように、いつもくっついている友人関係のほうが不自然です。互いに絆がないから、しょっちゅう会っていないと、関係が保てないのです。ホンモノの心の友なら、月に一度の電話でも友情は保てます。

このような「本当の友だち」をつくることができてはじめて、素敵な恋人をつくることができるようになるのです。

どうですか、あなたには「本当の友だち」がいますか？

もしも「自分には『本当の友だち』がいないかもしれない」と感じたなら、彼氏探しをするより前に、本当の友だちをつくることを優先すべきなのです。本当の友だちができたなら、必ず恋人ができるようになるからです。

また、「自分には『本当の友だち』がいる」と確信できたなら、焦る必要はありません。

近い将来、素敵な恋人が現れます。

◆「アラ探し」よりも「いいとこ探し」をしてみよう

相手の幸せを願う、ということについて、もう少し突っ込んで話しましょう。

あなたは自分自身のいいところを知っていますか?

自分の存在に自信のない人やイジケている人は、自分の欠点をある程度は知っていても、自分の長所は知らないことが多いものです。こういう人は、人の欠点ばかりに注意関心が集中し、人の長所を見抜く力はありません。人の欠点をするどく発見しては、興ざめしてしまう人です。それまでいい関係でいられたのに、人の欠点を発見したとたん、「ああ、この人もこんなダメなところがあったのか」と落胆してしまうのです。でも、その人の長所を見出す力はありませんので、失意のまま、つまり不本意なままつきあいが続くことになります。

もちろん、相手の才能を発掘し、才能を開花させるお手伝いをする力もありません。ですから、相手の「お宝」がないように見えるのです。見えないので、ダメなヤツだと思ったまま、尊敬する気持ちがないのにつきあうことになるのです。

こんな状態では、友情や恋愛を発展させることはできません。

自分のいいところを発掘できた人だけが、人の長所を発掘できるのです。

では、自分のいいところ発見のために、何が必要なのでしょうか。

それは、自分の悪いところ（不自然なところ）、たとえば、見栄を張るとか嫉妬心が強いなどといった性格を、とことん直視することです。さきほど、自信のない人やイジケている人は、自分の欠点をある程度は知っている、とお話しましたが、じつはこういう人は、自分のもっとも醜いところ（もっともひどい欠点やもっとも不自然なこと）は、知らないのです。うすうすは気がついているのですが、見ないようにしているのです。なぜなら、見たらいよいよ、自分はこの世のお邪魔虫になってしまうと思っているからです。自分の不自然さを見るのが死ぬほど怖いのです。

自分の長所を発見するためには、まず、自分のなかのもっとも醜い部分を発見し、その存在を認めないといけません。醜いところをとことん見つめた果てでないと、自分に隠された才能が見えてもきませんし、もちろん、開花もしてきません。だから、まずは自分の醜さや不自然さを、勇気をもって認める作業が必要なのです。

これを完了させれば、おのずと自分のいいところが見えてきます。いいところが見えてくると、自分が心からやりたいと思っていることを実行したくなります。実行したら、大きな悦びが得られ、その悦びは、またさらに「やりたいことを実行するゾ！」というパワーになります。そして、それを実行してますます大きな悦びを得て、ますます楽しくなって実行する……これが自己実現をしている姿です。

自己実現をしたら、必ずこのようなポジティブフィードバックになります。いえ、やればやるほどやりたくなる、という状態でなければ、まだまだニセモノです。不自然なことや本意でないことをやっているのです。

無数に試行錯誤して、自己実現できるネタを探すのです。何年もかかることがありますが、努力すればいつか必ず実ります。

こうして、自分のなかに眠っていた才能を開花させることに成功した人は、「こんな自分にもこんな素敵な能力が眠っていたのだから、あなたにもきっとあるはず。それを一緒に探しましょう」という気分になります。この気持ちが、親友と恋人ができる、最大の要因となります。もっとも重要な心です。「あなたのいいところを探したい」という心こそが、愛情や友情の核心部分なのです。

もちろん、誰に対してもそういう気分になるわけではありません。自分の好きな人にだけです。でも、それで十分です。人はもともと、自分が好きだと感じる人とでないと、愛されたり、愛したり、理解されたり、理解したりすることができないからです。「いいところを一緒に探しましょう」という姿勢は、体から常に発信されます。「暖かい肯定のサイン」としても発信されます。相手も同じことを考えている人だと、たちまち意気投合します。そして互いに、いいところを刺激し合ってより自己解放が進み、より自己実現ができるようになるのです。

恋愛や結婚は、互いを独占し合うことでもなければ、互いにしばり合うことでもありません。つきあう前よりも互いに心が自由になるのが、いい恋愛なのです。独身時代よりも生き生きとしている自分になるのが結婚なのです。

◆「無私の行為」のできる自分になれば、おのずと恋愛力も強くなる

「恋人をつくるためには本当の友だちが必要だということはわかったけれど、無条件に、しかも自分が悦んで人に何かをしてあげるなんて、なかなかできることじゃないでしょ

う？　人間誰でも『自分が一番かわいい』ものなのだから、『心底相手のため』なんて、たとえ相手が恋人だろうと友だちだろうと、あり得ないんじゃないでしょうか？」

確かに、人間はみな、「自分が一番大事」だと本能的に思っています。それはまぎれもない事実です。生物はみんなそう思って生きています。人間だけではありません。地球上の生物すべてがそうです。

「友だちが大事だから、恋人が大事だから、自分のことなんて二の次だ」という人は、偽善者です。そういい切って間違いではありません。

しかし、心から相手の身になって相手と一体化すれば、相手の幸せを、自分が自分自身の幸せを願うように願うことができるようになります。相手の幸せと自分の幸せがイコールになるのです。こんな芸当ができるのは人間だけです。人間以外の動物でこんなことができる動物はおりません。人間はとっても素敵な哺乳類なのです。

とはいうものの、世間は条件や見返りつきの関係でいっぱいです。そんな世のなかで、「見返りを求めずに心から相手のためを願おう」といっても、「そんなキレイごと、ムリに決まってる」と思われても仕方がないのかもしれません。

でも、だまされたと思って、「無私の行為」を実行してみてください。必ず「悦び」という成果が得られるはずです。期待はずれでがっかりする場面も多々ありますが、しかし、そのがっかりを上回る大きな悦びがあなたのもとに訪れます。

たとえば、狭い道で車を運転していて対向車がきた場合、自分からすすんで相手に道を譲ってみてください。最初のうちは、とりたててどうというべき手ごたえもないと思いますが、二、三カ月もすると、相手から譲られることが多くなるはずです。「まさか」と思うかもしれませんが、こんなことが実際に起きるのです。

心ある運転マナーを日ごろから身につけていると、運転の仕方からドライバー自身の「譲り合いのできる心」が瞬時にして伝わるのでしょう。不思議なことですが、相手に対して「どうぞ」と積極的に譲ることのできる体質になると、相手から「どうぞ」と積極的に譲られることもまた増えていくものなのです。同じように、学校や職場で、心をこめて挨拶をしてみてください。運転の例と同じく、はじめはお返しとしてしか挨拶されないかもしれませんが、そのうち、相手から挨拶をされるようになります。

このようにして「無私の行為」の力を養っていくと、人を愛する力も強くなっていきます。人を愛する力とは、女性の場合は「共感と受容する力」ということになりますが、この力が強まれば、愛は必ず実ります。「共感と受容する力」をきちんともちあわせた女性は、男性にとってたまらなく魅力的なのです。

◆「私なんか」というイジケの精神にストップ！

これまでも繰り返しお話ししましたが、人間関係をつくる上での最大の障害は、「自分なんて愛されるハズがない」というイジケの発想です。本人はへりくだっているツモリでも、実際には「あなたと仲良くなりたくありません」という強烈な否定のサインが発信されているのです。これでは、男性は怖くて、デートに誘うことはできません。本人は相手にものすごく気を遣ったツモリでも、体からは逆のサインが出ているのです。

こうした「不信のサイン」は、驚くほど敏感に相手に伝わっています。たとえ満面の笑みで接しても、あるいは、お世辞をいってみても、しっかりと拒絶のサインが相手の心に届いてしまうのです。いい男に対してほど、よく伝わってしまいます。女性はさらに敏感ですから、同性の女性も心を開いてはくれません。相手のご機嫌をとったツモリなのになぜか人間関係がうまくいかないのは、こうした理由があることが多いのです。

私たち人間は、ふだんはそれほど意識していませんが、意外なほど相手の心の様子を観察しているものです。「幽霊の正体見たり枯れ尾花」ということわざがありますが、暗闇のなかで枯れすすきが幽霊に見えるのは、人のシルエットに対して私たちが非常に敏感だからです。人というかたちそのものに対して無意識に注意を払っているからこそ、人でないまったく異質のものが、人のかたちに見えてしまうのです。とりわけ、人は、相手の表情に関してもっとも敏感に反応します。

怒っている、泣いている、笑っているといったわかりやすいものはいわずもがなですが、もっと微妙な、はっきりと言葉にできないような表情の細部をも敏感に察知するのです。そして、その表情から得られた情報を無意識に処理し、自分のなかで意思決定をします。それほど長い時間話をしなくても「なんとなく感じがいい」と思ったり、それほどイヤなことをされたわけでもないのに「なんとなく感じが悪い」と思ったりするのは、相手の表情を無意識にすばやく読み取っている結果なのです。

なかなか恋人ができないという人のなかには、「自分はそれほど理想も高くない、むしろ注文も少なく謙虚なツモリだ」という人が多いものですが、じつはそういう人ほど、イジケ、つまり拒否のサインをたくさん出している可能性が高いのです。

この「私なんか」といういじけた考え方にストップをかけなければ、人を好きになることも、恋愛を成就させることもできません。思いきって、自分のなかの勇気を育てる努力をして、「私なんか」というイジケはやめましょう。自分に自信をもつよう、トライしてみてください。自己実現すると、自分に自信がもてるようになります。

◆親にかけられた「呪い」を打破して、幸せのなかに飛び込もう

本書でこれまでに何度かふれてきたように、いい恋愛を成就させるためには、基本的には「親からの十分な愛情」が必要です。親からたっぷりと愛されて育つことによって、人を愛することのなんたるかを学ぶことができるからです。

では、親からの愛情が不足していると、一生涯いい恋愛をすることはできないのでしょうか？

親子関係に不満を抱えて生きてきた人にとっては、理想的な彼氏をつくることなど、夢のまた夢なのでしょうか？

いいえ、親から十分に愛されて育たなくても、心から人を愛し、素晴らしい恋愛ができるようになる可能性は十分に残されています。素敵な彼氏をつくって、理想的な結婚をす

ることも夢ではありません。

そもそも、子どもは本来、両親の愛情だけで成長し生きていけるものではありません。両親の与えてくれる愛情だけではとうてい足りないのです。理想的には、平均して二〇人分くらいの愛情が必要です。おじいちゃん、おばあちゃん、近所のおじさん、おばさん、学校の先生など、身の回りにいる両親以外の大勢の大人たちからもたくさんの愛情をもらってはじめて、子どもは豊かに成長していけるものなのです。

「親からの十分な愛情」が必要なのは、親からたくさん愛されることによって、こうした両親以外の人々からも愛情をもらう方法を学ぶためです。つまり、親の務めというのは、「親以外の人から愛情を調達するための方法を子どもに教える」ということなのです。「私たちももちろんあなたを愛しているけれど、同じくらいあなたを愛してくれる人がこの世のなかには大勢いるんだよ」と教えることが、親がなすべき大事な愛情教育なのです。

このように、実際には、親から愛されないことそのものが問題なのではなく、他人から愛情をもらう方法を学ぶことができないということが問題なのです。ですから、愛情を調達する術を教えられるのであれば、必ずしも実の両親である必要はありません。愛は誰からもらっても同じです。実の両親から十分に愛されなかったとしても、いっこうに嘆く必要はありません。

ところが、子どもを満足に愛せない親ほど、「親の愛情が一番だ」「親以上に子どもを心配し愛せる人間などいるはずもない」といった洗脳教育を子どもに施し、子どものなかで育つ愛情を妨害するために呪いをかけようとします。その結果、子どもはいやがうえにも「親が一番だ。親以外の誰かが本気で自分を愛してくれるはずはないのだ」と信じ込むようになり、他人の好意や愛情を疑ってかかるようになってしまうのです。

しかし、こんな洗脳教育にまどわされてはいけません。親よりもあなたのことを愛してくれる人はいくらでもいます。実の親以上にあなたの幸せを願ってくれる人も大勢いるのです。

◆恋愛に遺伝的素質は関係ない

「親が不幸体質で、子どもを愛せない遺伝子をもっているなら、子どももそれを受け継いでしまうのではないか」と心配する人がおりますが、大丈夫です。不幸遺伝子というものは存在しません。

子どもは、幼児期に親から莫大な影響をうけます。そのため、あたかも親の遺伝子を受け継いでいるから自分はこんなふうな人間になったんだ、と解釈しがちですが、親と似てしまうのは遺伝子のせいというよりは、学習の結果のせいです。

そもそも、私たち人間を含む哺乳類や鳥類、爬虫類などの有性生殖を営む生物は、遺伝子を組み替えることにより、親と違った性質をもっている子どもをつくることを目的としています。親と同じ遺伝子をもった子がほしかったら、分裂で増える無性生殖が一番適しています。私たち人間の赤ちゃんは、生物学的には、むしろ、親とは異なる特性をもっていることを期待されて誕生しているのです。

一般的に「親子だから似ている」「血は争えない」などといわれますが、これは思い込みや幻想といった方が正確です。

親から受け継ぐ遺伝的な影響というのは、私たちが思うほど大きいものではありません。似ているだろうという偏見の目でみるから、あれも似ている、これも似ている、と感じるのです。他人のそら似を無視していることが多いのです。

むしろ、「自分は親と違った特性を持っている人間だ」と考えた方が生物学的には正しいのです。自分だけがもっている個性や才能があるのです。

親と子は、似ているのは顔と病気の体質くらいなもので、他は違っていて当たり前なのです。ですから、恋愛や結婚など人づきあいにおいても、親が絵に描いたような不幸を背負った暗い性格であっても、子どもは太陽のように明るい人になることも不可能ではありません。

人は願ったものはかなうようにできています。なぜなら、「願う」ということは、それができる能力があるからこそ願うのです。あとは努力次第です。

もし、願ったのにかなっていなければ、それは本気で努力していない、ということです。人は、努力しだいで、みずからの人生をいかようにも変えていくことができるのです。「素敵な恋人と出会って、素敵な結婚をしたい」と願ったら、それは実現する夢です。でも、失敗した時、反省や分析もせず、いたずらに遺伝子のせいにしたり、周囲の人のせいにしたりしていたのでは、何も変えることはできません。いいえ、遺伝子や人のせいにしているから、夢が実現しないのです。

この本を読んで、効果的な努力さえすれば、必ず、自分の夢はかないます。基本的に、人は、かなわない夢は見ないものです。人を信じて、自分を信じて、そして未来を信じて努力し続けた人が、最後に笑う人です。

第7章

彼氏をつくるための具体策とタブー

どうして彼氏ができないのか、なぜ恋愛が長続きしないのか、自分なりの答えが見えてきたでしょうか？　自分の盲点が、おぼろげにでも感じられるようになってきたでしょうか？

おそらく、この本を読んでおられる読者の方のなかには、「あと一歩で素敵な彼氏ができる」状態の人がとても多いと思います。「服装やメイク、おしゃれに関してはそれなりに気をつかっているし、性格だってそんなに悪くはないはずなんだけどなぁ」と、なぜかうまくいかない自分の状態を歯がゆく感じている。また、周囲の人たちからも「顔もカワイイし気立てもいいし、どうしてこの人に恋人がいないのだろう？」と不思議に思われている、大半の人はそんな微妙な状態にいらっしゃると思います。

そこで、最後のテコ入れとして、「彼氏ができるようになるための具体策とタブー」をまとめてみました。また、「イイ感じの相手があらわれた」ときのための、ホンモノかどうかを見分けるちょっとした判別方法もアドバイスいたします。

これを忠実に実践すれば、強い信頼関係で結ばれた素敵な彼氏ができる確率はグンとアップするはずです。

◆具体策・その一　強い「応援力」を身につける

これまでお話してきましたように、女性の最大の特徴は、共感能力、受容能力、そして支持能力が高いということ、つまり応援団としての能力が高いということです。

男性は女性に対して、自分の応援団になってもらうことをもっとも期待しています。このことを男性は意識はしませんが、じつは、どれほど自分を応援することができるかということは、男性が恋人を選ぶときの最大のポイントになっているのです。

ですから、この能力が高い女性ほど男性にモテます。それも質の高い男性にモテます。いい男ほど、女性からの応援を必要とするからです。そういう能力をもった女性を直感的に見抜いて近づくのです。

美人だとか、スタイルがいいとか、ナイスバディだとか、そんなことは真面目で誠実で愛情深い男性にとっては二の次、三の次です。「オトコはみんな巨乳が好き」などといった世間のくだらない情報に惑わされてはいけません。

たとえミスコンで優勝したという経歴をもっていても、「いい男」にとっては大したアピールにはなりません。「いいオンナだな〜」と表面的にちやほやされる回数は多いかもしれませんが、決定的な魅力にはなりません。また、ぶりっこして甘えるというのも逆効果です。男性は女性から頼りにされるのもうれしいものですが、オトコ心をつかむための決定打にはなりません。むしろ、応援もなしに一方的によりかかられると、かえってうっとうしく思われます。

大事なことは「応援」です。女性にとっては、このような「応援されたい願望」がないので、「応援って、そんなに重要なことなの？」と思われるかもしれませんね。

でも、先ほども申し上げたように、男性にとってはきわめて重要なのです。これがなければ恋愛は成り立たないといっても過言ではありません。試しに、身近にいる兄弟や父親、男友だちなどに何気なく「がんばって！」「すごいね！」「さすが、男性は違うね」「あなたって、すごいのね」と励ましてみてください。びっくりするほど素直に悦んでくれますし、びっくりするほど元気になるはずです。男性は、それほど女性から励まされることを悦ぶものなのです。

サッカーのサポーターも、アメフトのチアリーダーも、お飾りで騒いでいるのではありません。応援の力が勝負の行方も決めることもあるのです。決してあなどれない存在なのです。

「じゃあ、応援って、具体的にはどういうことをするの？」という疑問をもつ人もいるかもしれませんが、特別なことをする必要はありません。相手にとってよいことがあったら、「わあ、よかったねー」「すごいねー」と一緒に悦んであげればいいですし、何かをしてもらったら「うれしい！」「ありがとう！」と素直に悦べばいいのです。ただそれだけです。うれしくないのにうれしいと演技するのはいけませんが、多少オーバーな表現は大いに結構です。男性は素直に悦んでくれます。むしろ、ちょっとオーバーかな、と思うくらいのほうがいいでしょう。悦びの表現に遠慮は不要です。どんどん悦びを表現しましょう。「ちょっとわざとらしいかなあ」と応援する側が感じても、応援されている側の男性はうれしいものです。女性に励まされてイヤな気持ちになる男性はおりません。どんどん応援してあげましょう。

ただし、この「応援したい、励ましたい」という気持ちは誰に対しても芽生えるものではありません。本気で好きになった男性にだけ芽生えるものです。

ですから、「こんなヤツのためになんか、応援したくないなあ」「好きだけど、なんとなく応援する気分にはなれない」と感じたらそれはニセモノかもしれません。相手が本気であなたを愛していないか、もしくはあなたが本気で相手を愛していないかのいずれかです。

◆具体策・その二「笑顔と料理」がオトコ心をつかむポイント

男性は、女性からの肯定のサインにぐっとくるものです。男性にとって、女性からの肯定のサインの最たるものが、女性の笑顔と手作りの食事です。

たとえば、野球大会。彼が選手であれば、あなたの手弁当が最高の応援になります。そして、ファインプレーをしたときやチームが勝ったとき、「よかったね、すごいね」と笑顔で共感してあげることです。それが最高の励ましとなります。

あるいは、さりげなく彼を自分の家に招待して、笑顔と食事で歓待してあげるのもとても効果的です。これをやれば、一カ月かかって仲良くなれるところを、たった一日で同じくらい仲良くなれます。それほど、男性には効果大なのです。

こういうことはふだんは誰も意識はしませんが、じつはとても重要な意味があるのです。なぜならば、幸せというのは、「応援する」「肯定する」という心で構成されているからです。

たとえば、多少仲の悪い夫婦でも、妻が食事をつくっている限り、夫は妻から応援されていると感じて安心しています。男性は非常にニブイもので、妻から軽蔑されていても、料理さえつくってもらっていれば、愛されていると解釈するメデタイ動物なのです。ですから、逆に料理をしてもらえなくなると、男性はとたんに落ち込みます。

男性は、女性からの応援がないと生きていけない存在なのです。また、女性から肯定され、支持され、共感されないと、どんなに高級レストランで食事をしても、おいしくは感じません。逆に、女性からの応援があれば、多少料理がヘタでも、男性はおいしく食べてくれます。料理の腕よりも、心が味を左右するのです。

あるフランス料理のシェフによると、「優れた食材を用いて、一生懸命に技術を駆使して料理をしても、料理そのものの味は、食べた人が感じるおいしさ全体の三分の一程度を占めるにすぎない」のだそうです。そしてなんと残りの七割は、その店のインテリアやウエイトレスの接客態度、お客さんが誰と食べているか、店のロケーションなどといった「料理を取り巻く環境」が占めるのだそうです。つまり、私たちは料理そのものの味だけで「おいしい」と判断しているわけではなく、料理の味も含めたそのお店の雰囲気を味わっているのです。

たいへん不思議なことですが、料理をする側の思いやりは、料理の味に如実に反映します。熱い想いがこもっていると、食べ物の甘さやコクが増したように感じられて、料理を心地よくおいしく食べることができるのです。ですから、たとえあなたの腕が悪くても、心がこもっていれば相手はおいしく食べてくれるはずです。ただし、逆もまた真なりですから、どんなに料理が上手でも、心がこもっていなければ効果はありません。不思議なことですが、これもまた真実です。

◆具体策・その三「忘我の境地になれる」ような楽しいことを見つけよう

恋愛は、スリルを味わうためのアミューズメントパークではありません。また、恋人は、あなたのさみしさや不安をまぎらわすための道具でもありません。

「彼氏がいないとつまらない」とか「一人だと先行きが不安だから誰か相手がほしい」といったネガティブな心境で恋愛をしようとしても失敗するだけです。一人でいてさみしい人は、どんな人と一緒にいてもさみしく感じる人です。一人でいてもさみしくない、十分楽しい、という自分になれないと、誰かと共に楽しむことはできません。

いい恋愛をするためには、自分自身が楽しく満ち足りた状態でいることが前提条件です。恋人がいなくても毎日が楽しく、いきいきと幸せな気持ちで過ごしている女性が、「いい男」とつきあうことではじめていい恋愛となるのです。実際、こういう男女がカップルになると、一人でいるとき以上に人生が輝いてきます。一人でいても楽しいけど、二人でいるともっと楽しい、これがいい恋愛をしている証拠です。

女性にはさみしがりやが多いものですが、一人で人生を楽しもうという気迫のない人に「いい男」は寄ってきません。「恋愛！　恋愛！」「オトコ！　オトコ！」「さみしい、さみしい」と物欲しげにしている女性に寄りつくのは、セックス目当てのダメ男ばかりです。どんなに美人でも、「私を楽しくさせて」「楽しませてもらいたい」と受け身でいる人は、軽薄短小男としかつきあえないのです。

そんなカスの標的にされないためには、いったん「彼氏がほしい」願望はひとまず忘れて、寝食も忘れて没頭できるような、心の底から楽しめる「何か」を探すことです。仕事でも趣味でも習い事でも、何でもかまいません。とことん没頭して、打ち込めるものを探すのです。それも真剣に、命がけで探すのです。大げさなようですが、自分にとっての悦び探しは命がけの覚悟がないと探せません。中途半端な決意ではすぐに挫折してしまいます。棚からぼた餅的に、簡単に見つけられるということはありません。必死の努力が必要なのです。

「これをしていると楽しい」「これが好きだ」「これがしたい」と感じる量と、それをする能力は比例します。「好きこそものの上手なれ、楽しいことこそものの上手なれ」です。楽しいと感じたものにこそ、あなたの個性があり、そのなかにあなたの能力が秘められているのです。そして、楽しいと感じたものに心底打ち込んで能力を発揮することは、人間をもっとも魅力的に見せてくれるものです。つまり、楽しいことをすること=魅力的になるということなのです。

「人生を楽しむことと恋愛って、そんなに関係あるの？」と訝《いぶか》る人もいるかもしれませんが、このように忘我の境地で楽しめるものに没頭していれば、自分でも気づかないうちに内面に磨きがかかるのです。すると、ものごとの真贋を区別する能力も身についてきて、いい男と悪い男を見分ける嗅覚が発達するのです。

ただ、なかには「自分にとっての楽しいことがどうしても見つからない」という人もいるかもしれません。いい恋愛をするためには楽しんで没頭できる何かが必要なのに、それが自分でもわからないとなると、これは少々やっかいです。

人は幼少期に親から自分の感情を共感してもらえなかったり、うれしいことや楽しいことがあったときに嫉妬されたりすると、自分は何をしていると楽しいのか、自分にとってうれしいこととは何なのかを感じる力がにぶくなります。自分は何をしているときが一番幸せなのかが、わからなくなるのです。

こんなときは、とりあえず「おいしいものを食べる」ことを心がけてください。食べるという快感は、人間が感じる快感のなかではもっとも大きなものです。これを練習台にして、楽しいと感じることを見つける訓練をするのです。

◆具体策・その四　同性の友人と「おいしいもの」を食べよう

具体策・その三で説明しましたように、忘我の境地で楽しめることをしていると、心のなかに悦びがたくさん生まれます。すると必ず、誰かにそれを伝えたい、悦びを表現したいという気持ちが芽生えます。自分が得た悦びを、誰かと一緒に分かちあいたくなるのです。

「彼女なら今の自分の感じている悦びの全部をわかってくれるんじゃないかな」というよ

うに、自分の悦びを伝えたくなった相手が、あなたの親友の候補です。でも、みずから楽しいことをしないと、分かちあいたい衝動も、誰と分かちあいたいかという直感も働きません。ですから、まずは、おいしく食べ、そのおいしさを分かちあうことから始めてみましょう。

友だちと楽しい話をしていると、心がリラックスして、本当の自分の気持ちを語ることができる精神状態になります。一人でいる時よりも、もっとリラックスできます。

じつは、私たちはみな、ひとりでいるときも少し緊張しています。好きな音楽を聴いたり、好きなペットをなでているといくらかリラックスしますが、好きな人と一緒にいるときがもっともリラックスします。このリラックスがとても重要です。なぜなら、リラックスした時に、自分の本当の気持ち、特においしい、楽しい、という悦びの気持ちが把握できるようになるからです。

自分はどんな職業にむいているのか、どんな男性が好きなのか、どんなことをしているときがもっともいきいきしているのか、こうした自分の気持ちを知るためにはまずリラックスする必要があるのです。リラックスするために、自分の心を鏡のように映し出してくれる親友や恋人が必要なのです。

ただし、リラックスさせてくれるのは、楽しい話をして盛り上がれる「悦び」を介した関係の友だちだけです。悪口やグチや泣き言で盛り上がるような友だちでは、リラックスなどできません。表面上はリラックスしているようでも、じつは、互いに否定し合っているからです。

また、老婆心ながら申し上げますと、秘密を話せるからといって親友の証しにはなりません。なぜならば、「コイツは私よりもあまりにもダメな人間だから、どうころんでも自分はコイツよりはマシ」という安心による見下しの気持ちがあると、あたかもリラックスしているように感じることがあります。注意しましょう。悦びの共感こそ親友のシルシなのです。

このように、悦びを分かちあうことのできる友だちと楽しい話をしながらおいしく食べると、悦びの大きさが一〇倍になります。幸福に感じます。うれしいな、という気持ちが、魅力のオーラになるのです。あなたが輝いて見えるようになります。こういう状態になりますと、恋愛のみならず、人生のすべての運が驚くほどアップするのです。

「そんな夢のような話……」と思われるかもしれませんが、決してウソではありません。その証拠の話をひとつしましょう。

劇場でチケットを売っている人の話です。

好きな歌手や演奏家の公演があったら、誰でもいい席をゲットしたいと思いますね。熱烈なファンは、数日前から泊まり込みでチケット売り場に並ぶ人もいます。ところが、不思議なことに、ふだんから人に意地悪をしているようなファンは、せっかく並んでも、なかなかいい席が手に入らないことが多いのです。しかし、やさしそうな人だな、という印象を与える人は、発売後、数日たってから買いに来ているにも関わらず、キャンセルが出たばかりのいい席を買っていくことが多いのです。

単なる偶然なのか、天が味方しているのか、わかりません。しかし、実は、多くのチケット売り場の人が経験することなのです。もちろん、現実には、いい人ならいつでもいい席が手に入るわけではないでしょう。しかし、ひょっこり現れて、キャンセルされたばかりのいい席をゲットするのは、圧倒的に、やさしそうに見える人が多い、とチケット売り場の人は証言するのです。意地悪そうな印象を与える人が、ひょっこり現れていい席を買っていくことはまれだというのです。

いい男をゲットするのも同じです。人にいいことをしている女性は、「あれ？　気がついたら彼氏ができてた」という状態になるのです。世の中とは、そういうものです。自分のしたことが何らかの形でそっくり自分に返ってくるのです。人にいいことをしたら、巡りめぐって、いいことが自分に返ってくるのです。だから、昔から、世の中とは自分の心を映し出す鏡のようなもの、といわれるのです。

◆具体策・その五「思い込み」という女性特有の思考をコントロールしよう

よく「女性は感情の動物」といわれますが、これは正確には「女性は感情を記憶する動物」といったほうがいいでしょう。女性は感情を記憶する、すなわち快・不快をしっかりと把握して記憶にとどめ、それを根拠に行動しているのです。

基本的には、女性は事実に基づいた論理的な思考をすることは苦手です。

しかも、その感情の記憶は、あらたに記憶されるごとにどんどん加算されていきます。つまり、「一回目に彼とデートして一〇気持ちよかった」後に、「二回目に彼とキスをして五〇気持ちがよかった」としたら、二回目の気持ちよさは、一回目の気持ちよさの一〇に二回目の気持ちよさの五〇が加わって、六〇気持ちがいいということになるのです。その後、三回目のデートでセックスをして一〇〇気持ちがよければ、三回目の気持ちよさの総計は一、二、三回をすべて足して一六〇ということになります。このように、女性の感情の記憶はそのたびごとに加算されていくのです。まさに女性は、「感情豊かな世界」の住人というわけです。

それに対し、男性はそういう芸当はできません。その場その場の事実だけをきっちり記憶することを繰り返すのみです。デートをしてキスをしても「ここで何時に待ち合わせて、ここ とあそこへ行って、何時ごろあの場所でキスをしたな」という出来事の事実を中心に記憶します。もちろん、うれしかったとか気持ちよかったとかは感じますが、多少覚えているという程度です。女性ほど豊かに感情を記憶し、時間がたってもその当時の心地よさを反芻して楽しむということはできません。

しかし、感情を記憶する能力が高いということは、そのぶん、悲しい、さみしい、苦しいといった不快な感情をも強く記憶してしまうということになります。世界が美しいバラ色になる可能性も高ければ、醜く濁った灰色になる可能性も高いということになるわけです。

ですから、もしもこのように感受性のすぐれた人が失恋をした場合、普通の人に比べて不快の度合いが大きくなります。普通の人が一週間で忘れて平気になってしまうところを、忘れるまでに半年も一年もかかります。しかも、より傷つきやすいために、不快もより大きくなりやすいので、たった一度失恋しただけでも「恋愛＝失恋」と思い込みがちになるのです。

不快な体験を消すためには、その体験の何十倍もの快の体験が必要です。しかし、ひとたび「恋愛＝失恋」という不快の思い込みが強まってしまうと、快の体験を求めようとする気持ちもなかなか起きてこなくなります。その結果、不快を消し去ることもできないまま、思い込みの世界に留まることになってしまうのです。

いい年をして若い役者やアイドルタレントのおっかけがやめられなかったり、いつまでも少女マンガ的な世界を夢見続けている類いの人のなかには、こうした思い込みにとらわれた人が数多く見受けられます。誰にも迷惑をかけず楽しんでやっているのであればとやかくいう必要もないことですが、「アイドルのようなカッコいい男の子と恋愛をしたい！」「少女マンガのストーリーのような恋愛がしたい！」という願望をそのまま生身の男性にあてはめて恋愛をしようとしても、まずうまくいきません。

彼氏ができないという女性のなかには、しばしばこの思い込みにとらわれている人がいるものです。「恋愛をするという空想や思い込みだけで幸せな気持ちになれるから、現実としての恋愛も結婚もいらない」という人は結構ですが、「恋愛も結婚もしたいけど、思い描くような相手じゃないとイヤ」と内心思っている人は、空想の思い込みの世界から抜け出す努力が必要です。現実にあるものを見据えて、そこからホンモノを選んでいくという建設的なものの見方を養わなくてはならないのです。

また、「失恋で傷ついたことがある」「恋愛でいい思いをしていない」というネガティブな経験にハマッて抜けられない場合は、悲しい、つらいという感情面にとらわれず、「縁がなかった」という事実だけを淡々と受け止める気持ちをもってみてください。「どうして縁がなかったのか」「自分のどこが悪かったのか」という前向きな検討は大いに必要ですが、ネガティブな感情にひたったところでどうにもなりません。

事実を見て分析をし、冷静に反省をするのです。反省という言葉は日ごろから何気なく使われますが、反省するという行為はきわめて高度な精神活動です。反省とは、未来において失敗しないように分析し、実行することです。

失恋したときや恋愛でうまくいかなかったときなどは、どうしても被害者的な気持ちが強くなるものですが、加害者としての立場から自分自身の落ち度も省みて、その関係の顛末をしっかり考え直すようにしてみましょう。

◆具体策・その六「表情の美しい女性」になる努力をする

男性が女性に期待することは、「この女性はどのくらい自分を受容し、肯定し、支持してくれるだろうか（＝応援してくれるだろうか）」ということです。そういう視点で男性は女性の顔を見ます。

じつは、男性は口でいうほど、女性の容姿にこだわっているわけではありません。いい男は、美人とかブスという表面的なところではなく、表情を見るのです。マザコンのスケベ男だけが、顔や体に異常な興味を示すのです。

いい男は、無意識ですが、相手の女性が肯定的な表情をしているか、あるいは、怒りに満ちた否定的な表情をしているかをしっかりと見ます。いい男に、キレイだな、と思わせ、かつ、ぜひこの人を恋人にしたいと思わせる最大の要因は、受容のサインのこもった表情です。受容的な表情が男性にとっては最高の魅力だからです。

常日頃の表情が受容的であれば、実際よりも何十倍もキレイに男性には見えます。ですから、お化粧や洋服に時間とお金をかけるよりは、楽しいことをして、表情を美しくするために内面を磨く努力をしたほうがいいのです。

男性は女性が思っているほど、洋服や化粧を見てはいないものです。いい男ほど、女性の体から出る雰囲気のほうを見ているのです。そして、そうした雰囲気をつくっているのは、その人のもっている世界観（自己卑下を前提として世の中を見ているか、それとも自己受容&他者受容を前提として世界を見ているか）なのです。

たとえ美人でも、表情が受容的でないと、誠実で真面目な男性にはウケません。冷たい美しさをもっている人に近寄ってくるのは、うぬぼれの強いマザコン男だけです。

出会いは大切ですが、その前に、女性もやるべきことがあるのです。それをやらずして、エステに通っても、ダメ男が寄ってくる冷たい美人にしかなれません。それこそ無駄な投資になるだけです。時間とお金は有効に使わないと、かえって自己不信に陥り、余計に否定のサインが表情に出るようになってしまいます。

人を愛する努力、人を信じる努力、自己実現をする努力は必ず実ります。努力が実っているとき、人は、自分のやり方や生き方に自信を感じます。その自信が、さらに受容的なサインを出させます。でも、人にウケようと思ってする努力、つまり、見栄を張るための努力は、必ずしも実るとは限りません。努力が報われないと、スネたり、自己不信が強まります。腹も立ちます。その結果、ますます否定的なサインが出るようになります。心をキレイにしないと、表情はキレイにならないのです。すべてはあなたの努力次第です。

繰り返しになりますが、あなたがどんなに美人でも、否定的なサインが顔から出ていると、いい男から誘われることはありません。いい男にモテたければ、これまでも述べたように、まずは同性の友人関係を改善することです。同性の友人と楽しい関係がつくれたら、不思議と素敵な男性が現れるものです。

逆説的ですが、「同性の友人と一緒に遊ぶのが楽しくて、恋人なんていらないくらい」と思えた頃に、素敵な男性が現れるのです。こういうときにする恋は、もっとも素晴らしい、夢のような恋になるはずです。

◆タブー・その一　「白馬の王子さま」は一人ではない

思い込みにとらわれないように気をつけるということを指摘しましたが、女性がしばしば陥りやすい典型的な思い込みの例として、「白馬の王子さま」願望があげられると思います。

「これよ！　このひとよ！　ビビッときた！」という運命の相手、つまり自分にとっての「白馬に乗った王子さま」でなければ納得できない、そういう相手が現れるまで妥協はしない、とかたくなに考えている女性はとても多いと思います。

確かに、「これだ！　ビビッ！」とくる男性は必ず存在します。そういう男性が現れるのを待つべきです。もちろん、そういう人に出会うのに年齢は無関係です。

しかし、「三十歳を過ぎてもまったく現れない。もうかれこれ十年近く経つけれど、待てど暮らせど王子さまはいっこうに姿を現さない」というのは少々問題です。なぜならば、いくら出会いというものが偶然であっても、十年も経つ間には一人くらいは出会っているものです。三十を過ぎてもその影すら見えないような場合は、おそらく、これまでの章で解説した理由で恋愛のカンがニブっているのでしょう。自分の恋愛観を検証してみる必要があると思います。

そうそうどこにでもいるというわけではありませんが、よきパートナーとなれる「白馬の王子さま」がこの世にたった一人しか存在しないということはありえません。何人かはいるはずです。「この人でなければイヤ」という過剰なワガママは捨てて、「この人とならば励ましあって、楽しく生きていけそう」という相手を選ぶように考え方を切り換えなければ、いつまでたっても恋愛はできません。結婚はあくまでスタートです。ゴールではありません。

◆タブー・その二　占い、おまじないの過信は恋愛オンチをつくる

もうひとつ、女性の思い込みを左右する強い影響力をもつのが、占いやおまじないです。ほとんどの女性誌には占星術による「今月・今週の運勢」といったものが掲載されていますが、これもいかに女性が占いにこだわるかということを物語っているといえるでしょう。「今年は○○座の人にとっては十年に一度の恋の年です」と書いてあれば「じゃあ、今年恋人ができなければその後十年は恋人ができないかも！」と思い込み、「現在あなたが気になっている相手は相性バツグンです」などとあれば「もうゲットするしかない！」と舞い上がってしまう……。これを読んでいるあなたにも、似たような経験があるのではないでしょうか？

しかし、断言しておきます。占いほどアテにならないものはありません。そんなものに

自分の恋愛の行方をまかせるようなことはやめましょう。
雑誌の占星術だけでなく、道ばたやデパートなどで開業している手相見の戯言も同様です。「まあ、そういうこともあるかな」くらいでとどめられるなら結構ですが、わらをもつかむような気持ちでいるときは、占いはかえってよくありません。自分のカンや判断力をニブらせるだけです。

また、常々占いを信奉していると、恋愛の直感が働かなくなる恐れがあります。物事を判断したり選んだりするのを他人任せにしてしまうことになるために、実際に誰かとつきあうような場面がやってきても、自分で考えて処理することができなくなるのです。

「(アクセサリーや宝石など)〇〇を身につけていると恋人ができる」とか「〇〇をしていると恋が実る」などのおまじないも、占いと同様に恋愛の邪魔をする可能性が大いにあります。もっているだけで理想のパートナーができるような代物があったら、誰も恋愛で悩んだりはしません。

確かに、女性はいい男性と巡り会えるかどうかによって大きく人生が変わってきますから、そういう意味では運に左右されることがあるといえます。しかし、運を決めるのは、自分自身の努力と情熱によるところが大きいのです。

占いやおまじないを過信し過ぎる人は恋愛オンチになります。真剣に恋人をつくりたいと考えているなら、こうした非科学的なものに頼るのはおすすめできません。占いやおまじないにお金をかけるくらいなら、親しい友人とおいしいものを食べにいくことに費やしたほうがずっと近道です。

◆タブー・その三「完璧主義のオンナ」はかえってモテない

また、「女性はいつも美しくなければいけない」「カッコ悪いところを見られてはならない」と信じ込み、いつも徹底して「キレイな自分」しか見せまいとする女性もいます。「男性にはイイオンナ、かわいいオンナとしての自分しか見せたくない。気を抜いてダラッとしているところや、ましてやスッピンの顔なんて絶対に見られてはならない」という鉄の信念のもとに、たとえばカレの部屋に泊まった夜は必ずカレより後に寝て、カレより先に起きてメイクして身支度をする。いつもカンペキなまでにふるまい、どんなに疲れていてもカレの前ではシャキッとした姿しか見せない（だって、不細工なところを見られたら、嫌われるかもしれないから……）。そんな人も多いのではないでしょうか。

こういう女性は、一見するとすごくモテるのではないかと思われます。何しろ、見た目は美人だし会話もソツがない。まるでドラマに出てくる美しいヒロインのようで、いつカメラを回してもOKの、準備万全の状態です。

しかし、こんな絵に描いたような「完璧主義の女性」が年がら年中そばにいても、男性はリラックスすることができません。キレイにしていることやだらしなくしないことは大事な心がけですが、度を超えると、自分の「キレイにしていなければ嫌われる」という「緊張感」が相手に伝染してしまうのです。最悪は、それが相手にとって「拒否」のサインとして受け取られ、拒絶されたと感じさせてしまうこともあるのです。

「恋人になるまではおしゃれに気をつかっていたけど、恋人関係になったらキレイにすることなんかどうでもよくなった」という「釣った魚にエサはいらない」的なスタンスでは逆効果ですが、心を通いあわせられる相手に対しては、どんな姿を見せたっていいのです。スッピンなんていっこうにかまいませんし、無防備な寝姿を見せても恥ずかしいことなどありません。リラックスしているあなたを見れば、相手の男性もリラックスするのです。もしも「スッピンを見てがっかりした」「ヨダレをたらしている寝顔を見て百年の恋も冷めた」などと相手の男性にいわれたら、そいつはホンモノの相手ではありませんから、とっとと離れてもらって正解です。本当にあなたを好きなら、ヨダレだろうがイビキだろうが、まったく気にしません。

◆タブー・その四　仕事で男に負けたくないという人は要注意

ここでは、仕事が及ぼす恋愛への弊害についてお話したいと思います。

幼稚園や保育園で問題となっている園児の多くは、教師や弁護士や医者など、キャリアウーマンタイプの女性を母親にもっています。幼稚園関係者なら多くの人が気がついている事実です。

ただしここでいいたいのは、母親がバリバリ仕事をしている家庭の子どもが問題児になりやすい、ということではありません。キャリアウーマンはキャリアウーマンでも、「男には負けない」「女として扱われたくない」というように、男性を敵視したり、男性に勝つために自分が女であることを捨ててしまうタイプの人は問題だということです。

社会で仕事をするということは、人とぶつかりあい、競争しあわねばならない事態にも多く直面します。これは、基本的には男性が得意とする分野であって、女性特有の能力である「共感し受容する」という性質とは相反するものです。つまり、女性が社会に出て男のように仕事に打ち込むということは、女性本来の特性が出なくなる恐れがあるのです。

ですから、女性が仕事に打ち込んで、本来は男性が得意とする性質を伸ばしていった結果、共感や受容する力を失ってしまったなら、男性と恋愛をしようとしてもうまくいかなくなります。

昨今では、恋人や夫がいない「きれいで仕事のできる独身女性」が目立って増えてきているように思われますが、それにはこんなウラ事情が隠されているわけです。

このように、家庭をもつことや恋愛することを遠ざけてしまった女性が、晩年ものすごいむなしさやさみしさに襲われることもあります。これは、仕事一辺倒で結婚や恋愛をしなかったからむなしいのではなく、共感や受容という女性としての悦びを得られなかったために生じる心の穴なのです。実際、アメリカなどでは、バリバリのキャリアウーマンだった女性が、四〇代になってうつ病を訴える例が増えてきています。「女性が恋愛も仕事もがんばる」というのは、なかなかむずかしいことなのです。

「じゃあ、女は恋愛や結婚のためにだけ生きて、仕事はしないほうがいいというの？」という猛反論が返ってきそうですが、決してそういうわけではありません。前にも述べたように、好きなことに楽しく打ち込めてこそその人らしく幸せになれるのですから、仕事をすることに対して心の底から幸せだと感じられるのであれば、むしろやるべきです。その方が夫婦も円満になります。主夫がいても何も問題はありません。性差よりも個人差の方が大きいのですから、さまざまな夫婦の形があっていいのです。

ただし、「仕事は仕事でがんばりたいけど、恋愛もしたい、結婚もしたい」と考えるのであれば、仕事のモードと恋愛のモードを、自分のなかでしっかりと切り換えられるようにならなければなりません。仕事的なバリバリモードになったままの頭で彼とデートしても、リラックスした気持ちのよい関係は築けません。恋人といるときは、共感や受容できる自分にうまくシフトする必要があるのです。これはむずかしいことですが、このことを心して仕事にも恋愛にものぞめば、仕事での生きがいと恋愛の悦びの両方をバランスよく得ることが可能です。

そもそも、どんなに忙しくても、あるいは仕事でつまずいたりしてしまっても、真に心から仕事を楽しみ、仕事によっていきいきと毎日を過ごせるのであれば、仕事をしていることの悦びが恋愛にも生かされます。しかし、仕事のせいで恋愛がうまくいかなくなったのであれば、仕事を心から楽しんでいないか、相手が無理解であるかのどちらかです。

女性ならではの感性ややり方を生かす方法で、いくらでも仕事はできます。「男と同じように仕事をするのだ！」と息巻いてばかりいると、仕事以上に大事なものを失いかねません。

◆タブー・その五　自分にウソをつくこと

他人にウソをつくことはもちろんですが、自分にウソをつくことは、もっといけないことです。絶対にしてはいけないことです。

自分にウソをつくとは、言い訳をする、ということです。イソップ物語の「すっぱいブドウ」に登場するキツネが「ふん、どうせ、あんなブドウはすっぱいに決まってるさ」と言い訳することです。傷つかないように、あれこれと言い訳をすることは、恋愛をする上ではタブー中のタブーなのです。

楽しいこと、うれしいこと、気持ちいいことは、やる気や元気のエネルギー源だと申し上げましたが、言い訳というウソを自分に一回つくことは、楽しいことを百回して得たプラスのエネルギーに匹敵します。つまり、一回ウソをついたマイナスのエネルギーは、百回のプラスのエネルギー量に等しいのです。ですから、自分にウソをついている人が、友人とおいしいものを食べに行っても、効果は期待できません。楽しいことをすれば、やる気のエネルギーは確かにゲットできますが、それ以上に、失われるエネルギーが多すぎて効果が表れないのです。効果が表れるのは、エネルギー収支がプラスになってからです。

男性は女性からウソをつかれることをたいへん嫌います。なぜなら、前述しましたように、男性は、妻が産んだ子が自分の子かどうか、妻の言葉を信用するしかないからです。女性が男性からウソをつかれることも苦痛ですが、男性が女性からウソをつかれることは苦痛のみならず、信頼関係が決定的に崩れてしまうのです。

男性が浮気してもよりが戻ることが多いですが、女性が浮気すると、二人の関係が元に戻らないことが多い理由もこれと同じです。

では、絶対に彼にバレないウソならついても大丈夫かというと、そうではありません。じわじわとバレていきます。彼女にウソをつかれた男性が彼女から心が離れてしまうと、戻ってくることはほとんどありません。もう二度と信用する気にはなれないからです。いくら改心したと女性が訴えても、男性はなかなか信じようとしません。一般に男性は、女性の心を読めないのですが、読めないからこそ、また、未来において騙されるのではないかと、すっかり警戒してしまうのです。警戒の方が先に立って、会うたびに騙されていないだろうか、と考えてしまうのです。男性は、そこまでしてこの女性と一緒にいることはないな、と判断して離れてしまうのです。

もし、本当に信用してもらいたかったら、ウソをついた回数の百倍の数の快を男性に提供するしかありません。ウソをついた代償はかくも大きいのです。

◆タブー・その六　男性のプライドを傷つけること

男性は、女性にはない、妙なプライドがあります。女性にはなかなか理解できないかもしれませんが、男性は女性を守りたい、という生得的な願望がありますので、女性よりも劣っていることを軽蔑されると、男性は自分に自信を失ってしまうのです。恐れをなして遠ざかってしまうことがあるのです。

男性は、恋愛において、相手の女性に「できる女」を期待してはいませんので（仕事場では違いますが）、女性は、女性として得意なこと、たとえば、料理とかファッションなどを披露するのはいいことですが、「私の方が英語が通じるわよ、それにひきかえあなたのは何？　会話になってないじゃないの！」とか、「私の卒業した大学の偏差値は65だけど、あなたの卒業した大学は50よ、なによこれ、こんな三流私大だったの！」など、あからさまに男性をバカにすることはタブーです。

第二章に登場した無神経な女性と同じで、男性のプライドを激しく傷つけます。「あなたのクルマってパワーないね、もたもたして腹立つわ。エンジン付いてるの？　私のクルマの方がずっとパワーがあるわよ」などという言葉も男性のプライドを著しく傷つけます。多くの男性にとって、自分のクルマは、自我の延長として位置づけられているからです。クルマの批判をされると自分まで批判されているように感じてしまうのです。

見下されたり、傷つけられることが重なると、男性は命がけで女性を守ろうという気力を無くしてしまいます。「そんなに強くてデキる女なら、オレが守る必要なんてないよな」「もっと、高学歴でポルシェを持っている男がお似合いだろう」「どうせオレなんてダメな男さ」とイジケてしまうのです。いえ、それ以前に、自分を見下す女性とはつきあいたくなくなります。遠ざかりたくなります。

ただし、これは何も、彼の前で、外国人と流ちょうに英会話をしてはいけない、ということではありません。彼よりも英会話がデキることを自慢してはいけない、ということです。そして、そのことで彼を見下してはいけない、ということです。

「あなたってダメねぇ」といわれることが男性にとっては致命傷になるのです。男性は、女性に、見下されたり、軽蔑されるとひどく傷つくのです。その点女性は、男性から見下されたり、軽蔑されても、男性が傷つくほどは傷つきません。ですから、自分がこれしきのことで傷つかないから、男性も傷つかないだろうと思ったら大まちがいです。あなたの何十倍も彼は傷ついているのです。

これまで何度もお話しましたように、男性は、女性から応援してもらいたいのです。応援団長である女性から軽蔑されたり、バカにされたりすることは、応援団とは逆の機能になってしまいます。

しかし、だからといって、不正行為など、彼がまちがったことをしようとしている時にも黙って見てろ、というのではありません。いうべきことはいわないといけません。それがいえないような関係は不自然です。もっとも、不正などという不自然な行為をする男性を恋人にすること自体おかしなことですが。

◆タブー・その七　自己卑下をすること

自己卑下がいけないことはこれまでお話した通りです。自己卑下する女性は、自己否定する女性ですから、他者を肯定することはできません。つまり、男性を肯定できない女性です。応援団にはなれません。だから、自己卑下はタブーなのです。女性の魅力をゼロにしてしまうもの、それが自己卑下です。

謙虚さとは似て非なるものですから、十分な注意が必要です。詳しくは、他の章でお話しましたので、ここでは、自己卑下発言タブー集のお話をしましょう。

さて、女性同士だとさほど問題にならない自己卑下による発言、たとえば、私なんてキレイじゃないよ、とか、私なんて支離滅裂な人間で……という発言は、男性を惨めにさせてしまうのです。女性同士だと誰も気にしないのに、どうして男性は気にするのでしょうか。

男性は、あなたが「いい女」だと思っているからつき合っているわけですが、それに対して自己卑下というのは、「私は、あなたが思っているほどいい女ではない」といっていることになるからです。これでは、男性の判断や決断を否定するのを同じです。

なぜなら、男性からすれば、「あなたってバカな男ね、こんなダメな私を恋人にしてるんだから」「フシ穴なんじゃないの、あなたの目」とバカにされたように感じるのです。

男性は、女性に自分の下した判断や決断をほめてもらいたいものなのです。それなのに、謙虚さと自己卑下とを間違えた女性が、「どうして私みたいなダメな女とつきあってるの？」という発言をしたら、あなたの判断や決断はヘン、といわれているのと同じです。

女性は不安から質問をするのですが、こういう発言は百害あって一利なし、です。

また、これもよくあるケースですが、社内恋愛をしている時、「誰かにデートしている姿を見られたらどうしよう」と、駅などでソワソワビクビクキョロキョロする女性です。

なぜ、こういう行動が彼を傷つけてしまうのでしょうか。

まるで犯罪者のようだからです。男性は、女性に悦んでもらいたいのです。そして、自分とつきあっていることを誇りに思ってもらいたいのです。それなのに、まるで自分とつきあうことは悪いことのような態度だから、彼は「ああ、自分のようなダメ男とつきあっているから、彼女は誰にも知られたくないんだろうなぁ」と解釈してしまうのです。

一方、自己卑下する女性は、自分の身を守るのに夢中で、一緒にいる彼に惨めな思いにさせていることに気がつきません。彼の心情をおもんぱかる余裕がないのです。

ですから、たとえ「そんなにキョロキョロしたらまるで俺たち、犯罪者みたいじゃないか」と男性が抗議しても、女性は反論します。「えー、だって見られたら恥ずかしい……」。この期におよんでも、悪いことをしているような態度ですが、実は、自己卑下する女性には、次のような言い訳がちゃんと用意されているのです。「こんなダメな女とつきあっているあなたまでバカにされたらどうしよう」という気遣いだと。

でも、これはウソです。自分が傷つきたくないだけです。「バカな女が身分不相応な男性とつきあって……」とみんなに批判されるのが怖いのです。自分がみんなにバカにされることを恐れているのです。きわめて利己的な行動です。

同様に、「キミとつきあっていることを、両親に話そうと思うんだけど、いいかな?」と、いわばプロポーズに近いことをいわれた時、うれしいのに、「えっ、まだデートして三回目だし、早いんじゃないの、まだいわないで」と答えることです。これも男性を傷つけます。

なぜでしょうか。

男性は、女性が、「彼の両親に嫌われたらどうしよう」、とか、「こんなダメな女を嫁にしようなんてどういうつもりと批判されないだろうか」と恐れてなんて、夢にも思わないからです。自分が気に入った女性だからこそ、ぜひ紹介したいと、意を決していっているのに、これでは彼は愕然としてしまいます。当分、彼の口から結婚の二文字が出ることはないでしょう。

自己卑下をする人は、自分は愛されない人間だという思い込みの強い人間ですから、彼の両親に嫌われて傷つくのがイヤ、という、自己保身が強すぎて、こういう発言をしてしまうのです。きわめて利己的な行為です。

しかし、女性の方は、意識では謙虚な発言をしていると思い込んでいます。彼を惨めな思いにさせているなんて、夢にも思いません。もし彼が離れていっても、どうしてフラれたのかなぁ、あんなに気を遣ったのに……としか思いません。だから、再び、同じ失敗を繰り返すのです。

なお、彼は、まさか自分の彼女が自己保身で行動しているなんて、夢にも思いません。自分と結婚したくないから、親に紹介されたくないといっているのだ、と解釈します。あきらめて他の女性を探し始めるかもしれません。

◆タブー・その八　別れた彼氏の悪口をいうこと

女性同士で集まっては、元彼の悪口をいっている姿をよく見かけます。でも、これだけは絶対にしてはいけないことです。人の悪口をいうのもタブーですが、元彼の悪口をいうのは、言語道断です。論外です。

なぜでしょうか。

自分が好きでつきあった相手なのに、つまり、自分が下した決断を否定しているからです。決断というのは、聖なる作業です。その聖なる決断をみずから汚しているのです。しかも、自分の責任を完全に棚上げしています。

こういうと、「だって、彼があんなサイテーな人だとは思わなかったんだもん」「私は彼の言葉に騙されたのよ」「あの時は素敵に見えたの、でも今は……」という声が聞こえてきそうですが、これは反論にはなりません。単なる責任逃れです。

確かに人は、間違いを犯します。しかも、人は、つきあいのなかで変わってもきます。ですから、これぞと思って信頼したのに、相手に失望することも当然出てきます。

しかし、人を好きになるということは、前にもお話しましたように、フラれたから嫌いになるとか、離婚されたから嫌いになる、などというものではありません。好きである、ということは、ずっと好きであるものです。まして、肉体関係があった人のことを悪くいうのは、自分の体を否定することと同じです。

もし、フラれたから嫌いになった、というのであれば、あなたは彼のことなんてちっとも愛してはいなかったからです。愛していないからこそ、別れた途端、罵詈雑言の嵐になるのです。

もともと人を愛する、という行為は神聖なことであるのみならず、永遠なものなのです。たとえ一方的に離婚されても、彼への愛が変わらないのがホンモノの「好き」という気持ちなのです。そういう気持ちになった時に、セックスすべきなのです。自分の気持ちに自信がなければ、セックスやキスはしないことです。

自分の好きという感情を吟味しないでセックスをするから、あとで自分の体が気持ち悪くなるのです。そして、本当の意味での好きという感情で恋愛をしていないから、元彼の悪口が平気でいえるのです。

そもそも、人の悪口をいってはいけません。魂が穢れてしまうからです。まして、自分が好きでつき合った人の悪口は、何十倍も魂が穢れます。

別れても好きな人こそ、本当に好きな人です（ただし、執着で引きずる場合も、似ていますので、注意が必要です）。

もし、本当に人を好きになったことがないとしたら、対策その三と対策その四を実践して「好きということの何たるか」を会得することです。食べ物を楽しむ快も、セックスの快も、恋愛の快も、みな同じです。どれか一つを極めると、他もおのずとわかるようになります。恋愛をする前に、忘我の境地で楽しめることを見つけることです。それが見つかったら、人を本当に好きになれます。フラれても、彼を愛したことが誇りだ、と自分にいえるようになります。こういう人生の果てに、幸せな結婚があるのです。

◆タブー・その九　フラれたことをネタに同情を引きだそうとすること

フラれて悲しいのは誰でも同じですが、しかし、自分の不幸をネタに、人から同情を引きだそうとする行為は、あなたの魂を汚します。また、友人に、いかに自分が彼に献身的だったか、いかに自分がかわいい女として振る舞っていたかを訴え、「彼はヒドイ人ね、あなたはかわいそう」と友人に同情してもらおうとする行為も同じです。これも先ほどと同じく、元彼の悪口をいう行為と同じです。

自分はこんなに尽くしたのに……というのは、間接的ではありますが、彼を責めていることになるからです。つまり、彼がバカだから自分の誠意や情熱を受け取ってくれなかった、と彼の批判をしているのです。そんなバカな彼を好きだった自分、そしてそんなバカな男とセックスした自分の決断と責任を棚にあげています。これほど、自分を汚す行為はありません。汚れた女性は魅力がありません。

こんなことをしていると、魂が汚れてどんどん性悪女になっていきます。たしかに、同情してもらうと、相手はやさしくしてくれます。嫉妬されません。一石二鳥です。でも、こういう下心による行為は、あなたの魅力をどんどん削っていくのです。

しかも、同情によるやさしさは、ニセモノです。友人から見下されているのです。見下しは否定だと、前にお話しましたね。ですから、こういう友人をもっていること自体、不自然なことです。何度もいいますが、うれしい、楽しい、うまい、気持ちいい、というプラスの感情を分かち合って盛り上がる関係でないと、人間関係とはいわないのです。心の絆ができていないからです。

ただし、自分のどこが悪かったのか、真摯な態度で友人に意見を求めることはむしろ重要です。あなたの幸せを真に願ってくれる友人なら、厳しいことをいうかもしれませんが、次の恋がうまくいくようなアドバイスをしてくれるはずです。

◆ホンモノかどうかの判別方法・その一　三日後日記をつけてみる

さて、ここからは、「ちょっと気になる人ができた場合、ホンモノがどうかを確かめるための方法」をいくつかご紹介します。ただし、これを実行する場合は、これまでの自分の思い込みや価値観を捨てることが必要です。言い訳をし続けている間は、いくらこれを実行しても効果は出ません。日記にもウソを書いてしまうからです。

彼氏ができなかった自分、あるいは恋愛が長続きしない自分に見切りをつけて幸せの世界に飛び込みたいと思うのならば、これまでの自分を変える必要があります。言い訳やごまかしを捨てて、間違った自分とさよならするのです。新しく生まれ変わるつもりで、トライしてみてください。

まずご紹介するのは、「事実」と「感想」にわけた日記をつけるという作戦です。気になっている人がいたなら、その人との関わりを日記につけてみましょう。そして三日後の自分の気持ちを確かめてみるのです。三日後のほうがうれしくなっていたら、自分の好きという気持ちはホンモノだということです。逆に、あのときはすっごく盛り上がって好きだと感じたのに、三日後になったらそれほどでもなくなってきたらニセモノです。このように、三日後、感情がプラスに振れるか、マイナスに振れるかをチェックするのが、三日後日記という方法です。

やり方は簡単です。ノートの左側のページに事実だけを書き、右側のページに感想や自分の気持ちを書き記すのです。たとえば次のような具合です。

十月一日

事実　職場の同僚のA君とデート。彼のいきつけの店で食事をした。……上司であるBさんのことを、理解がないとぼやいていた。そして、

「キミががんばって仕事をしているのに、Bさんは女の仕事なんか信用できないとバカにしていた。ヒドイよね」

ともいった。二時間ほどして店を出て、別のバーで飲んだ。A君は少し酔っていたみた

いで、
「キミは部署内の女性のなかでいちばん仕事のできる人だと思う」
を繰り返していた。一時間ほどでその店も出て、タクシーで家まで送ってもらった。

感想　A君はとても気になっていた人なので、デートが楽しみだった。Bさんとは仲がよいのかと思っていたから、グチが出たときは少し驚いた。Bさんは私のことも悪くいってたと聞いてショック。A君もたいへんなんだなあ。二軒目では、ほめてもらってうれしかった。酔っていたからかな。酔ってなければ、もっとうれしかったのに。私のことを、少しは気にかけているみたいだ。タクシーで家まで送ってくれるなんて、紳士的だと思った。好感度大。

そして、三日後、左側に記載された事実を読みながら、三日前の自分の感情を思い出すのです。そして、右側に記載されている三日前の感想と比べます。違っていれば赤で書き込みます。このとき、プラスの感情に変わったか、マイナスの感情に変わったか、をチェックするのです。

ではこの女性の三日後の感想を見てみましょう。

十月三日

感想　A君のことをいいと思ってはじめはすごくウキウキしていた。でも、Bさんの話が出てから、すごく気分が悪くなった。しかも私のことを悪くいっていたなんて、聞きたくなかった。そもそも、Bさんは「女の仕事は信用できない」といったのであって、私のことを直接悪くいったわけじゃないけど、でも、自分を悪くいわれたみたいで腹が立ってきて悲しくなった。二軒目では、A君は私のことをもちあげてくれたけど、でも一軒目のことがあるから素直に喜べなかった。タクシーで送ってもらったのはうれしかったけど、今ももやもやとした気持ちがまだ残ってる。どちらかといえば、気分が悪い。

このように、事実と感想をはっきりとわけて書くのです。意識しないで日記を書くと、事実と感想を混同してしまいます。そうすると事実が感想や感情に引っ張られて、物事を客観視することができなくなり、ゆがめられた事実が書き残されていくことになります。感情に事実をゆがめられないようにするために、事実と感想をわけて書くことが大切なのです。事実を冷静に見つめることこそ、自分の本当のホンネを知ることになるのです。

人の感情というものは、そのときに感じたことが本当の自分の感情とは限りません。三日かかって、ようやく心の奥の本当の感情が現れてくるのです。

ここで紹介した例でいえば、デートした当日は、本人はA君のことをよく書いているのに、三日後には気分が悪くなったりもやもやした気持ちになっています。デートした直後の気持ちと、三日後の気持ちが一致していません。マイナスに振れています。これはよい兆候とはいえません。しばらく日記を続けて、真実を見極めなければいけません。次のデートも三日後の感想がマイナスに振れたら、早々に見切りをつけたほうがいい、ということです。

これとは逆に、デートした直後の気持ちと三日後の気持ちが一致していれば、何ら問題はありません。三日後にますます楽しい気持ちになった、つまり、プラスに振れている場合なら、とてもよい兆候です。幸せの予感です。

恋愛をしているときは、どうしても感情が先立って自分を客観的に見ることがむずかしくなりますが、この「恋愛の三日後日記」をしっかりとつけることによって、自分の状態を冷静に見つめることができるようになります。

このたび新装版にあたって、実際に書き込むことができる〈恋愛の三日後日記〉を巻末

263ページに収録しました。本書を読んだあとに、ぜひためしてみてください。

◆日記で自分のズレや不自然さを発見するポイント

事実の大きさと比べて、百倍も嫉妬したり、怒ったりしていることがあれば、それが、自分のズレや不自然さによるものです。

三日後、冷静に事実を見つめたとき、「こんなに怒らなくてもよかったのに」とか、「どうしてあのときは、こんな些細なことに対して猛烈に嫉妬したんだろう」ということがあったら、その原因をとことん追及してみることです。

日記を三カ月もつけたら、ある特定の出来事に対して異常なまでの怒りがこみ上げてくる、あるいは異常なまでに嫉妬している自分の姿が見えてくるはずです。

ものごとには、必ず原因があります。わけもなくイライラすることはありません。「わけもなく」と感じるのは、イライラの因果関係がわからないからであって、理由もなくイライラすることはありません。

十怒ってしかるべきところを、百も千も怒っていることがあったとすれば、あなたが考える原因は真の原因ではなく、他にある、ということです。たとえば、電車のなかでいきなり足を踏まれたら、誰でも腹が立ちます。怒ってしかるべきです。しかし、必要以上に大きくイライラしたり、必要以上に大きく怒りがこみ上げてくることがあったら、それが自分のなかに住み着いている裏切り者、つまり、不自然な行動やズレがあるという証拠です。

なお、日記に記すという方法のほかに、三日後に親友に自分の気持ちを語る、という方法でも有効です（ただし、あなたの心を鏡のように映し出してくれるホンモノの親友に限ります。あなたの幸せを本気で願ってくれている友人でないと逆効果です）。親友に語りながら三日前の彼に対する気持ちと今の（三日後の）気持ちを比べてみるのです。

日記でチェックするのと同様、プラスに振れていればＯＫです。しかし逆に、彼とのことで異様に怒っているところがあれば、親友と一緒にその原因を追及してみることです。

◆ホンモノかどうかの判別方法・その二　相手にふれて、確かめる

日記をつけるという方法のほかに、「相手の手にふれて相手の心を感じ取る」というやり方もあります。日記に比べると直接的なのでリスクが伴いますが、女性は皮膚感覚にすぐれていますので、直接相手の手にふれることによって心を読むことが可能です。男性は、言葉巧みに女性を口説くことがありますが、手の皮膚までウソをつくことはできません。その人の心が、皮膚から皮膚にストレートに伝わってしまうからです。

手でもいいですし、腕でもいいですから、さりげなくふれてみることです。ふれてみて、「気持ちいいなあ、もっとさわっていたいなあ」「またさわりたいなぁ」と感じたらＯＫです。彼から、あなたを愛する熱い思いが入ってきている、ということです。三日後日記をつけて、三日後も、もっとさわりたい、あるいはもっとさわられたいと思っている自分がいたら、そしてさらに、それが三カ月以上続いたら、あなたはすばらしい彼をゲットしている、ということです。

しかし、逆に気持ち悪いと感じたら、心のなかに怒りや不信など、冷たいものを抱えて

いる可能性がありますから、即考えを改めるべきです。よくわからない場合も要注意です。

もちろん、さわったときは気持ちよくても、三日後に気持ち悪く感じたら、これも要注意です。三日後の気持ちのほうが真実ですから、離れることを検討したほうがいいでしょう。

◆ホンモノかどうかの判別方法・その三　自分の体温をチェックする

「あたたかい人」という表現がありますが、これは一緒にいるとこちらの体があたたかくなる人、という意味です。また、ラブラブ状態の二人をさして「アツアツのカップル」というういい方をしますが、これは「あたたかくなる」という状態を通り越して、実際に体が熱くなることがあるからです。「まさか」と思う方もいらっしゃるかもしれませんが、情熱的に愛し合っている男女がくっつくと、風邪で高熱が出たときのように、体が熱くなることがあるのです。愛というのは、人の体を熱くするのです。

一方、「冷たい人」というのは、相手が冷たいのではなく、一緒にいるとこちらの体が冷えてくる人のことです。表面的には仲良くつきあっているつもりでも、「一緒にいると寒い」「冷え症がひどくなる」というような相手は要注意です。男女を問わず、要注意です。相手から、怒りや不信や妬みなど、マイナスのものが入ってきているから体が冷えてくるのです。

皮膚は真実を伝えます。「目は口ほどに物を言い」といいますが、「皮膚は目と口以上に物を言い」なのです。

ですから、気になる相手とある程度親しくなったら、セックスをする前に、できるだけ手を握りながらデートをすることをおすすめします。「もっとふれあっていたいな」と思えるほどあたたかく気持ちよければ、キスをしてもセックスをしても期待通り気持ちよくなれるはずです。

◆ホンモノかどうかの判別方法・その四　ミルクプリンの甘さ度

「自分の幸せを本気で願ってくれる人と一緒にいると、食べ物の甘さやコクが増したように感じられて、料理をおいしく食べることができる」と２１４ページで述べましたが、この原理を応用して、相手に愛情があるかどうかを簡単に確かめる方法があります。

市販のミルクプリンを買ってきて、それを食べさせてもらう方法です。

どこにでも売っているミルクプリンで結構です。普通のプリンでもいいのですが、普通のプリンだと底のほうのカラメルの部分だけ甘いことがあるので、味が均一なミルクプリンが無難でしょう。

製造番号が同じなら、同じ味になるはずですので、原理的には誰に食べさせてもらっても同じ味がするはずです。ところが、愛情のある相手に食べさせてもらうと、驚くなかれ、コクと甘みが増して、とてもおいしく感じられるのです。ミルクプリンを使うと、まるで母乳を飲んでいるような、なつかしい味がするのです。この甘みは、相手から出ている愛情のせいです。

人の味覚というのはじつに不思議なもので、精神状態によって大きく左右されるのです。有名レストランの絶品といわれる料理でも、嫌いな人と食べるとまずいと感じられますし、どこにでもある普通の料理であっても、好きな人と食べるととてもおいしく感じられます。

昨今では、食べ物の味がわからない、区別がつかないという若者が急増していますが、これは、家庭内の愛情が不足していることが大きな原因です。

実際の栄養が不足しているせいではありません。心の痛みが、味覚障害を引き起こしているのです。

◆ホンモノかどうかの判別方法・その五　キスやセックスの快感度

最後に紹介するのは、実際にキスやセックスをして気持ちいいかどうかで判断する方法です。ただし、これも自己診断の域を出ませんので十分注意してください。

たとえば、自慰をしているときの気持ちよさを百とします。

もし、彼とセックスをしたときに、自慰の気持ちよさの十倍以上（つまり千以上）の気持ちよさがあれば大丈夫です。いい恋愛をしているといえるでしょう。

しかし、もし、自慰をしているときとさして変わらない、あるいは数倍気持ちよく感じる程度（二百や三百）であれば、あまりいい恋愛とはいえません。検討したほうがいい相手ということです。

さらに、自慰をしているときよりもセックスをしているときの快感が下回るようであれば（五十とか三十）、とても危険な恋です。ただちに彼とのつきあいをやめましょう。愛ではなく怒りや不信があなたの体に入ってきているのです。

ただし、どんな恋愛でも、はじめの数回は興奮していますので、気持ちよく感じてしまうことがあります。しかし、気持ちよかったのははじめの数回だけで、あとはさして気持ちがよくならず、以後ずっと低迷状態である、というのは、悪い恋愛をしている証拠です。ただちにやめるべきでしょう。

また、自慰を基準にする方法のほかに、セックスをするときに濡れてくるかどうか、あるいは痛くないかどうかで判断する方法があります。

これも個人差がありますし、一章で解説した幸せ恐怖症があると、結果が逆に出ますので一概にはいえませんが、もしも本当に愛されて気持ちいいと感じていたら、セックスをするときに痛くて入らないとか、さっぱり濡れてこない、ということはありません。

女性の体というのは、自分の気持ちを正直に反映することが多いのです。

「濡れない」「痛い」ということがメンタルな部分とつながっている可能性がとても高いのです。

ただ、好きでもないのに濡れてくるとか、カン違いや思い込みで濡れてくる場合もありますので、必ずしも正確に気持ちを映し出しているとは限りませんが、重要な指標として参考にしてみてください。

セックスに対して「あまり濡れないし、痛いし、気持ちいいとも思えないなあ」と思っている人のなかには、自分がセックスを好きでないタイプの女性、もしくは不感症なのだと考えている人が多くいますが、体質だと自己判断して割り切るのは早計です。本当に好きな相手とセックスをしたことがないから、という可能性も考えられます。相手のことを心の奥底では好きでないから、セックスが気持ちよくないという可能性は非常に高いのです。

「彼とキスやセックスをするのがおっくうだと思うことがある」というのも危険です。「今日はたまたまそういう気分なだけだろう」と思っているうちに、手を握られることすらイヤになってしまったということにもなりかねません。手を握られるのもイヤという日がたびたび来る、という状態になったら、これはもう間違った恋愛といわざるを得ません。三日後日記でチェックすればホンネがわかりますが、彼にさわられたくない、という気持ちのほうが、自分の本当の気持ちなのです。

ホンモノならば、キスするのがおっくうで、セックスするのがイヤという気持ちにはなりません。実際に体調をくずしていたり気持ちが落ち込んでいたのならいざ知らず、「なんとなくイヤ」ということはありえません。

体はある意味、心よりも正直です。自分のホンネを探るために、体の発するサインを正直に見つめることも、重要な手段のひとつなのです。

恋愛の三日後日記

日記のつけ方

〈恋愛の三日後日記〉は、恋人あるいはちょっと気になる人ができた場合、ホンモノかどうかを確かめるための方法のひとつです。

相手のことを日記に書くことによって、自分の恋人選びの誤りや不自然な行動を発見し、その人に対する自分の気持ちがホンモノかニセモノかを見分けるのです。三日目の気持ちのほうがホンモノであることが多いからです。

つけ方のポイントは、次の三つです。

・恋人や好きな人と会ったり、電話したり、メールをしたりなど、何らかのやりとりがあった日に書く（毎日書く必要はない）

・「事実」と「感想」を分けて書く

・その三日後に、そのときの事実を振り返って再び「感想」を書く。三日前の感想と比較し、それと同時に、「よくなったか、悪くなったか、変わらないか」の矢印であらわす。

なお、三日後とは三日目のことですので、月曜日にデートしたら、水曜日が三日目となります。

いたってシンプルな日記ですが、つける際にいくつか気をつけなければいけない点があります。その点をよく注意して、正しく書き記してください。

✣「事実」は簡潔に、「感想」を入れないように書く

まず、上段の〈事実〉欄に、恋人、あるいは気になる相手との間で交わされたやりとりや、「○○へ行った」「○○をした」といった出来事を書き記します。そして、〈事実〉欄の下の〈感想〉欄に、そのときの感想を書き入れます。

このとき、〈事実〉の欄は、できるだけシンプルに書くようにします。「映画を観た」「ドライブをした」といったメインの出来事だけでもかまいませんし、何を観たかとか、どこへ行ったかとか、何を食べたかといったディテールを書いてもOKです。

ただし、ここには自分の主観を書き入れてはいけません。

たとえば、「彼が隣の席の女性と楽しそうに話をしていた」とか「怒ったような顔で話

していた」のように書いた場合、「楽しそうに」や「怒ったような」の部分に、自分の主観、つまり感想が入ることになります。

このように、事実を書こうとして、事実と感想の両方を書いてしまう人が少なくありませんが、感想の入った事実は、正しい事実とはいえません。〈事実〉には、純然たる事実だけを書くようにしてください。

この場合ですと、〈事実〉欄には「話していた」とだけ書くのが正解です。そして〈感想〉欄に、「楽しそうに見えてちょっとムカついた」「怒っていたように見えてヒヤヒヤした」などのように書くのが、正しい書き方です。

こうした「事実」と「感想」が混同するのを避けるためには、事実を箇条書きにするなどして、簡潔に書くのがベストです。

✣三日後以後の気持ちを、三つの矢印から選ぶ

「事実」と「感想」を書いてから三日後の感想を、三段目の「三日後」欄に書き入れます。三日前の出来事をよく思い出して、それに対する今現在の感想、相手に対する気持ちや印象を書くのです。

それと同時に、今現在の感想が、三日前の「感想」よりよくなっていれば上向きの矢印、悪くなっていたら下向きの矢印、同じ場合は横向きの矢印を、赤字でなぞりながらチェックを入れます。

このとき重要なのが、日記に記された「事実」を、できるだけ冷静に再読すること。三日前の出来事を振り返り、それに対する今の気持ち、自分が感じたありのままを、素直な気持ちで「三日後」欄に書き記します。

矢印が上向きか下向きか、それとも同じなのか。あれこれ迷ったり、考えすぎたりしないように選んでください。

✣決してウソは書かないこと

とはいうものの、冷静な気持ちで三日後の感想を書くというのは、なかなかむずかしいかもしれません。心のなかの強いこだわりや思い込みにひきずられると、素直な気持ちをあらわしにくい場合があるからです。

たとえば、三日後の気持ちが、本当は不安でピリピリした状態になっているのに、「チャンスが少ないのだから、出会いを大切にしなくちゃ」などという焦りにとらわれると、不快感から目をそらしたり、自分にウソをついてホンネとはまったく逆の感想を書いてしまう危険性があります。

あるいは、三日後に心から楽しい気持ちになっているのに、何らかのこだわりに邪魔されて、「全然おもしろくなかった」とひねくれた感想を書いてしまう。そんなケースもあるかもしれません。

しかし、こんなふうに、本当の気持ちをねじ曲げたり押し殺したりして書いてしまうと、三日後日記の効果が正しくあらわれません。せっかくの日記作戦も、意味のないものになってしまいます。

まずは、自分の心の声にじっと耳を澄ませてみてください。そして、自分が相手に対して「快」、つまり気持ちよく感じているかどうかを、自分自身に問いかけてみてください。くれぐれも、ウソを書かないよう心がけてください。

✣ メモ欄の使い方

いちばん下のメモ欄は、三日後以降の感想や気持ちの変化を書くのに使います。おもに、次の二つを書き入れてみてください。

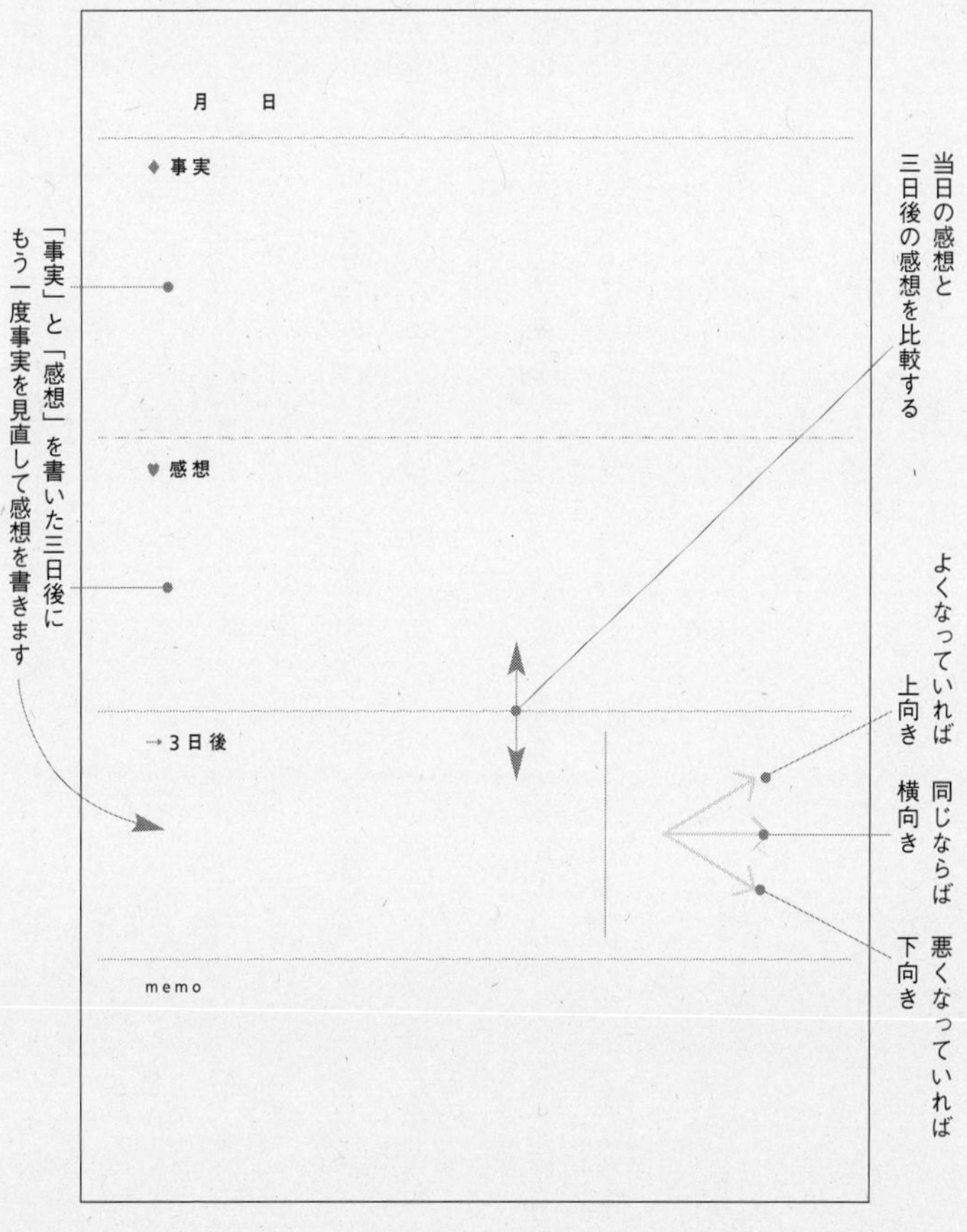

月　日
◆事実
♥感想
→3日後
memo
当日の感想と
三日後の感想を比較する
「事実」と「感想」を書いた三日後に
もう一度事実を見直して感想を書きます
よくなっていれば
上向き
同じならば
横向き
悪くなっていれば
下向き

まず一つめは、三日後以降に振り返って感じた、「相手にしてあげたいこと」や「相手としたいこと」を書く。

たとえば、「彼がほしいといっていた○○をあげたい」「料理をつくっていっしょに食べたい」「彼が熱中している趣味についてもっと話したい」のような感じで、自分自身がすすんで彼にしてあげたい、彼としたいと思っていることを書いてください。

「相手からねだられたから」とか「相手が望んでいるから」というのではダメです。自分自身が想像して「してあげると悦びそうなこと」「いっしょにすると楽しいだろうなと思われること」を書くようにします。

これは、相手に対して感じている、自分の本当の気持ちを見極めるための、とても重要な指標になります。「三日後」の気持ち同様、ウソをつかない素直な気持ちで書くようにしてください。

メモ欄に書き入れる二つめは、三日後以降の感想と、気持ちの変化を示す矢印を書く。

人によっては、ホンモノの気持ちを把握するのに、三日間では足りない人もいます。自分のホンネと素直に向き合うのに、一週間、二週間かかるという人もいるのです。そんな場合、メモ欄を利用して、感想と気持ちの変化の矢印を書くようにしてください。

また、三日後以降に、事実に対する大きな気持ちの変化があった場合にも、メモ欄に感想を記しておくとよいでしょう。

三日後に見直す理由

✣三日後の気持ちが、本当の気持ち

三日後、あるいは三日後以降の自分の気持ちを見直してみたとき、自分の気持ちを示す矢印が、よいほうに向いているか、悪いほうに向いているか、あるいは変化がないか。三つのうちいずれをさしているかが、この日記では重要なポイントになります。

なぜなら、この矢印の方向は、自分の本当の気持ちを端的にあらわしているからです。

恋人や気になっている相手とデートした（あるいはメールや電話したりした）日から三日後以降、自分の気持ちが上向きの矢印になったとしたら、つまり当日より気持ちよく、前向きでポジティブになったとしたら、それは相手からホンモノの愛をもらっている証拠です。好きな相手から、本当の安心や悦びを与えられているということになります。というのも、ホンモノの愛をもらっていれば、他人にやさしくなったり、食事がおいしく感じ

られたり、仕事や勉強に意欲的になったりするものだからです。

逆に、三日後以降の気持ちが、イライラしたり落ち込んだりして下向きの矢印になったとしたら、それはニセモノです。安心も悦びもないニセモノの愛である可能性が高くなります。

このように、デートした当日ではなく、三日後の気持ちが本当の気持ちであることが多いのです。

✢デートした当日は、間違った思い込みに支配されやすい

相手からホンモノの愛をもらっているかどうか、自分が相手を心から好きになっているかどうかという判断は、三日後になって初めて確かめることができます。

ではなぜ、デートした当日に、本当の気持ちがあらわれないのでしょうか。

それは、デートの当日というのは、自分の強い思い込みや自己暗示がとても強いために、冷静な判断ができず、間違った感情にだまされてしまうことがあるからです。

間違った感情にだまされたまま相手とつきあっていると、安心も喜びもじゅうぶんにもらっていないにもかかわらず、もらっているものだとカン違いして、ますます間違った思

い込みに支配されるようになります。

間違った思い込みに支配されていては、いくらがんばっても愛は育ちません。

✢事実を「三日後」に見直す理由

ホンモノの愛かどうかは、当日ではなく三日後に判断できると申し上げました。

では、なぜ「三日後」なのでしょうか。なぜホンモノかどうかの判断に、三日以上かかるのでしょうか。

私たちは誰かとやりとりするとき、相手から受け取る言葉だけでなく、身振りや手振り、仕草や雰囲気などからも、相手の情報をたくさん受け取っています。

この身振りや手振り、仕草や雰囲気によるやりとりのことを、「非言語系コミュニケーション」といいます。

じつはこの非言語系コミュニケーションは、言葉以上の影響を及ぼすもので、その影響の割合はなんと、言葉による影響1に対し、非言語系コミュニケーションは99。つまり、相手から受け取る情報のほとんどは、非言語系コミュニケーションによって伝えられている、といっても過言ではないのです。

この非言語系の情報が頭のなかにきちんとインプットされてはじめて、私たちは相手に対する正しい判断を下せる、つまり自分のホンモノの気持ちを知ることができます。この非言語系情報を処理し、処理された情報がしっかりと心の奥底に入り込むのに、三日間ほど時間がかかります。「三日後」に事実を見直す理由は、これなのです。

長続きしない人、あるいは長続きしないことを「三日坊主」といいます。これは三日程度しか続かない飽きっぽさをたとえにとったことわざですが、解釈を変えれば、ひとつのことを続けられるか続けられないかを判断するのに三日かかる、あるいは三日かかって、ようやく続けられるかどうかがわかる、ということでもあります。

たとえ、はじめはやる気があってやり始めたとしても、三日もたつと楽しいと感じていないことに気づき、それ以上続けられなくなる。この結果、「三日坊主」になってしまうのです。

✢日記によって、自分の「本当のホンネ」を知ることが重要

私たちは、相手からいくら美辞麗句を並べ立てられても、相手の心のなかに見下しや見返り要求がある場合、顔つきや目つき、しゃべり方の雰囲気などから、不自然なサインと

して感じ取っています。そして、不自然なサインとして感じ取った気持ちが、三日後になると、「気分が悪くなる」などの兆候となってあらわれます。

言葉にだまされてそのときはいい気分になっていても、三日のあいだに本当の情報が心に伝えられて、みずからのカン違いが明らかにされるのです。

恋愛の三日後日記をつけることは、このカン違いに気づくための有効な方法です。日記をつける、つまり自己客観視することによって、言葉から得られた情報や強い思い込みによるニセモノの気持ちを見分けることができるようになるのです。

幸せな恋愛を実現するためには、ニセモノの気持ちを見分けることが重要です。偽りのない、自分自身が感じている「本当のホンネ」を知らずして、幸せな恋愛はあり得ません。

✢できるだけ落ち着いた状態のときに書くこと

日記をつけることは、いわば自分の直感を冴えさせる訓練だといえます。

直感を働かせるためには、気持ちを落ち着かせて、リラックスしていることがとても大切です。ですから、夜眠る前などの、できるだけ落ち着いた状態のときに書くのがベストです。

何かの思いにとらわれて冷静になれないときや、イライラしたり不安な気持ちが強い状態のときに書いてしまうと、直感が正しく働かず、ホンネに気づくことがむずかしくなります。

イライラや不安が強すぎて、なかなかリラックスできないのに日記を書こうとすると、三日後の感想にも、あるいはメモ欄に記す「彼にしてあげたいこと」にも、無意識にウソを書いてしまう危険性が生じます。強い不安を抱えていると、事実が見えなくなるばかりでなく、自分自身の「快・不快」の感覚も、あいまいでわからなくなってしまうのです。

しかし、事実と感想を分ける書き方で日記を書き続けていれば、必ずどこかで、ホンネをつかむきっかけがあらわれてきます。ホンネに矛盾した感想や、幸せな恋愛の基本に反した事実が露呈して、「これはおかしい」と気づくチャンスが訪れるはずです。無意識にウソを書いたとしても、どこかにボロが出てくるのです。

日記の書き方例

○月　△日

◆ 事実

・仕事で同行した営業部のM先輩と、会社近くにオープンした話題の店でランチ。
・M先輩は日替わりランチ、私はパスタランチ。先輩はオーダーが決まると、私のぶんもテキパキと注文。
・仕事の話をちょっとしたあと、テレビ番組で紹介していた三ツ星レストランやデートスポットの話題。二人とも同じ番組を見ていたので、盛り上がる。
・「今度行ってみようか」というので、「行きたいです！」と返事。
・携帯のメルアドを交換した。

♥ 感想

ラッキー♪　前から気になってたM先輩と二人っきりでランチ。しかも、行ってみたいと思ってた話題の店！　オーダーもテキパキしてて、なんだか頼れる？って感じ。しかもしかも、今度三ツ星レストラン行ってみようかだって。これってデートってことだよね？　わーいわーい♪　でも、M先輩って、カノジョいないのかな（けっこうカッコいいのに）。ストレートに誘ってきたってことは、いない…んだよね？　いるのに誘った？ってこともあるか。だとしたら、もしかして軽いヤツ？　そんなふうにも見えないけど、えー、どうなんだろう？誘われたのはウレシイけど、ちょっと気になるなあ。とりあえず、メール来るのを待とう。

→ 3日後

ついさっき、M先輩からメールが来た。レストラン予約いっぱいで、すぐに行けそうにないみたい。「三ツ星じゃないけど、うまい店知ってるから行かない？」って誘ってくれた。行こうかな。行きたいな。…でも、ホントにカノジョいないのかな？　聞いてみようかな、でも聞けな?い。とりあえず、返事しなきゃだよね。…どうしよう。あんまり考えてても意味ないし、まずはデートしてみるか。カノジョいるかどうか、そのとき聞けばいいよね（でも、聞けるかなあ…）

memo

〈5日後〉

今度の金曜日デートすることになったゾ！　カノジョいるかどうか気になるけど、やっぱりデートできるのはウレシイかも。メールの返事も早いし、返事の最後に「サンキュー、楽しみにしてる」って。気をつかってくれてるのかな。矢印ちょっと上向き。

月　　日

◆ 事実

♥ 感想

→ 3日後

memo

月　　日

◆ 事実

♥ 感想

→ 3日後

memo

月　　日

◆ 事実

♥ 感想

→ 3日後

memo

月　日

◆ 事実

♥ 感想

→ 3日後

memo

月　　日

◆ 事実

♥ 感想

→ 3日後

memo

月　　日

◆ 事実

♥ 感想

→ 3日後

memo

月　　日

◆ 事実

♥ 感想

→ 3日後

memo

月　　日

◆ 事実

♥ 感想

→ 3日後

memo

著者プロフィール
岩月謙司（いわつき・けんじ）
1955年山形県生まれ。早稲田大学卒。筑波大学大学院博士課程生物科学研究科修了。理学博士。テキサス工科大学、日本石油（株）中央技術研究所、香川大学などに勤務経験をもつ。専攻は動物行動生理学、人間行動学。幸せ恐怖症（親の七がけ幸福論）、家庭内ストックホルムシンドローム（DSS）、思い残し症候群、過飲症（ペットボトル症候群）などの新説をテレビ、ラジオ、新聞、書籍で発表する。
著書に、『娘の結婚運は父親で決まる』（小社刊）、『なぜ、母親は、息子を「ダメ男」にしてしまうのか』『娘は男親のどこを見ているか』『子どもを愛する力をつける心のレッスン』（すべて講談社刊）、『女は男のどこを見ているか』『男は女のどこを見るべきか』（共に筑摩書房刊）、『家族のなかの孤独』（ミネルヴァ書房刊）、『メルヘンセラピー「般若になったつる」』（佼成出版社刊）など多数。

新装版
ずっと彼氏がいないあなたへ

2008年 4 月14日新版第1刷発行
2017年 4 月17日　　第6刷発行

著　者　岩月謙司
発行者　玉越直人
発行所　WAVE出版
〒102-0074　東京都千代田区九段南3-9-12
TEL 03-3261-3713　FAX 03-3261-3823
振替 00100-7-366376
E-mail：info@wave-publishers.co.jp
http://www.wave-publishers.co.jp/

印刷・製本　萩原印刷

NDC914 287p 19cm ISBN978-4-87290-344-7